Langenscheidt
Kurzgrammatik

Deutsch

Von Sarah Fleer

T0150552

Langenscheidt

München · Wien

Impressum

Herausgegeben von der Langenscheidt-Redaktion
Lektorat: Georgette Liedtke
Layout: Ute Weber
Umschlaggestaltung: KW43 BRANDDESIGN

Laden Sie sich auf www.langenscheidt.de/kurzgrammatik mit dem Code kd114 kostenlos zusätzliche Übungen herunter.

Gestaltung Kapitelauftaktseiten: Das Illustrat, München

Bildnachweis: Igor Stepovik / Shutterstock (S. 24); Kletr / Shutterstock (S. 30); Elena Schweitzer / Shutterstock (S. 40); Eugene Partyzan / Shutterstock (S. 48); musicman / Shutterstock (S. 52); Ksenia Raykova / Shutterstock (S. 60); Akos Nagy/ Shutterstock (S. 80); pathdoc / Shutterstock (S. 93); Sunny studio / Shutterstock (S. 103); Ollyy / Shutterstock (S. 110, 115, 1120); Kiselev Andrey Valerevich / Shutterstock (S. 126); Dean Drobot / Shutterstock (S. 131); taramara78/shutterstock (S. 137); Khalchenko Alina / Shutterstock (S. 143); Annette Shaff / Shutterstock (S. 150); BrAt82 / Shutterstock (S. 152).

www.langenscheidt.de

© 2016 by Langenscheidt GmbH & Co. KG, München
Satz: Franzis print & media GmbH, München
Druck und Bindung: Druckerei C. H. Beck, Nördlingen

ISBN 978-3-468-35115-0

16010

Vorwort

Mit unserer Kurzgrammatik Deutsch bieten wir Ihnen ein Rundum-sorglos-Paket für den schnellen Überblick: Der Niveaustufentest zu Beginn, Tipps & Tricks erleichtern Ihnen das Grammatiklernen, unsere Schnell-Lern-Methode und zusätzliche Übungen zum Download bringen Sie leicht und schnell ans Ziel!

Eingangs zeigt Ihnen der **Niveaustufentest**, auf welcher Stufe Sie stehen. Am Ende können Sie ihn wiederholen, um Ihren Fortschritt zu überprüfen. Mit den Lösungen erhalten Sie auch Empfehlungen zur Verbesserung Ihrer Sprachkenntnisse.

Der **Kapitel-Aufbau** folgt einer klaren Struktur: Zunächst werden die Formen präsentiert, dann wird ihr Gebrauch erörtert und durch Beispiele mit Übersetzung veranschaulicht. Die farbige Gestaltung und viele selbsterklärende Symbole tragen dazu bei, dass Sie sich innerhalb der Kapitel gut zurechtfinden. Nutzen Sie die Schnell-Lern-Methode, um sich einen Überblick zu verschaffen und sich das Wichtigste noch leichter einzuprägen: Nach jedem Kapitel präsentieren die grünen Seiten **Auf einen Blick** ○ die wichtigsten Regeln, weitere Beispiele und Stolpersteine.

Niveaustufenangaben (**A1**, **A2**, **B1**, **B2**) begleiten Sie durch das Buch. Diese verraten Ihnen, welche Grammatikthemen und welche Regeln für Ihr Lernniveau relevant sind und beziehen sich nicht nur auf das jeweilige Grammatikkapitel, sondern auch auf das in den Beispielsätzen verwendete Vokabular. So wissen Sie auch genau, dass Ihnen dieser Wortschatz bekannt sein sollte.

Inhaltsverzeichnis

Niveaustufentest **A1**

Tragen Sie für jede richtige Antwort einen Punkt in das Kästchen am Ende der Zeile ein und addieren Sie die Punkte zum Schluss. Im Anhang finden Sie die Auswertung und Empfehlungen zur Verbesserung.

❶ Der Artikel
Setzen Sie den richtigen Artikel ein:
der, das, die, den.

a. Sie müssen noch .... Formular ausfüllen. ☐

b. Heute ist .... Chef im Urlaub. ☐

c. Mir gefällt .... Musik überhaupt nicht. ☐

d. Gibst du mir bitte .... Käse? ☐

▢

❷ Das Substantiv
Schreiben Sie die Pluralformen der Substantive.

a. der Garten .... ☐

b. das Glas .... ☐

c. die Sprache .... ☐

▢

❸ Das Personalpronomen
Setzen Sie das passende Personalpronomen ein.

a. Wo ist Sabine? Hast du .... gesehen? ☐

b. Hallo Klaus. Ich muss .... was fragen. ☐

c. Ruth und Hans, ich rufe .... morgen an. ☐

▢

❹ Das Präsens
Ergänzen Sie die Verben in der richtigen Form.

a. Herr Joop .... 41 Jahre alt. (sein) ☐

b. Oh, du .... ja eine neue Brille! (haben) ☐

c. Welche Zeitung .... Claudia? (lesen) ☐

d. .... du mit dem Auto? (fahren) ☐

☐

❺ Die Modalverben
Wählen Sie das richtige Modalverb aus.

a. Musst/Möchtest du noch etwas Fleisch? ☐

b. Ich bin krank. Ich darf/muss zum Arzt gehen. ☐

c. Soll/Darf man hier rauchen? ☐

d. Frau Pauli, Sie können/möchten hier warten. ☐

☐

❻ Das Perfekt
Schreiben Sie die Sätze im Perfekt.

a. Heute arbeitet Herr Kreist bis 20 Uhr.

Gestern .... ☐

b. Heute essen wir Schweinebraten mit Sauerkraut.

Gestern .... ☐

c. Heute überweise ich die Miete.

Gestern .... ☐

☐

Gesamtpunktzahl ☐

11

Niveaustufentest A2

❶ Der Possessivartikel
Ergänzen Sie die Possessivartikel im Dativ.

a. Karl zeigt .... (seine) Kollegin das Café. ☐

b. Die Musik gefällt .... (mein) Sohn sehr. ☐

c. Ich kann .... (Ihr) Mann diese Salbe empfehlen. ☐

d. Er hat .... (sein) Frau nicht zugehört. ☐

☐

❷ Das Adjektiv
Ergänzen Sie die richtigen Adjektivendungen.

a. Wo hat sie die schön........... Blumen gekauft? ☐

b. In der Küche steht ein rund........... Esstisch. ☐

c. Wie finden Sie den neu........... Wagen? ☐

d. Ich suche ein wertvol........... Geschenk. ☐

☐

❸ Der Vergleich
Bilden Sie Vergleichssätze mit Komparativ und als.

a. Berlin (3 Mio. Einwohner) – Hamburg (1,8 Mio. Einwohner)

.... ☐

b. der Rhein (1233 km) – der Main (569 km)

.... ☐

c. Mont Blanc (4810 m) – die Zugspitze (2962 m)

.... ☐

☐

4 Das Reflexivpronomen
Ergänzen Sie die richtigen Reflexivpronomen.

a. Ich muss .... um die Blumen meiner
Nachbarin kümmern. ☐

b. Hast du .... schon bei ihr entschuldigt? ☐

c. Ihr müsst .... beeilen. Der Zug fährt gleich ab. ☐

d. Hannes unterhält .... noch mit Kollegen. ☐

☐

5 Das Präteritum
Ergänzen Sie folgende Verben im Präteritum:
sein, haben, können, müssen.

a. Letzten Sommer .... wir in Rom. ☐

b. .... ihr viel für die Reise bezahlen? ☐

c. Nein, wir .... ein sehr günstiges Hotel. ☐

d. Ich .... leider keinen Urlaub machen. ☐

☐

6 Die Konjunktion
Verbinden Sie die Satzhälften sinnvoll miteinander.

1. Das Essen in der Kantine ist schlecht,
2. Wir gehen in der Firmenkantine essen,
3. Wir gehen mittags gern in ein Restaurant,

a. … weil das Essen dort besser schmeckt. ☐

b. … wenn wir nicht genug Zeit haben. ☐

c. … obwohl das Essen nicht billig ist. ☐

☐

Gesamtpunktzahl ☐

Niveaustufentest B1

❶ Der Genitiv
Ergänzen Sie die Sätze mit dem Genitiv.

a. Dies ist das Zimmer .... (mein Sohn). ☐

b. Frau Schulz sucht das Halsband ....
(ihre Katze). ☐

c. Sie müssen mir die Vorteile ....
(die Produkte) unbedingt erklären. ☐

d. Der Garten .... (unsere Nachbarin)
ist sehr gepflegt. ☐
☐

❷ Das Relativpronomen
Wählen Sie das richtige Relativpronomen.

a. Zala ist ein Restaurant, in dem/das man gut
essen kann. ☐

b. Das ist Frau Ort, von dem/der ich dir schon
erzählt habe. ☐

c. Die Kinder, den/denen wir Nachhilfe gegeben
haben, haben gute Noten bekommen. ☐
☐

❸ Das Futur
Schreiben Sie die Sätze im Futur.

a. Ich denke über das Angebot nach.

.... ☐

b. Wir machen in zwei Jahren eine Weltreise.

.... ☐

c. Er vergisst ihre Worte nie.

.... ☐

☐

4 Das Plusquamperfekt
Ergänzen Sie die Verben im Plusquamperfekt.

a. Vorher .... er einen Termin ....
(vereinbaren). ☐

b. Sie aß erst, nachdem sie ....
(duschen). ☐

c. Zuerst .... er ins falsche Gebäude
.... (gehen). ☐

☐

5 Das Passiv
Was wird dort gemacht? Ergänzen Sie die Sätze im
Passiv: Filme drehen, tanzen, Patienten behandeln.

a. Beim Arzt .... ☐

b. Im Studio .... ☐

c. In der Disco .... ☐

☐

6 Der indirekte Fragesatz
Ergänzen Sie die Sätze mit dem richtigen
Fragewort: ob, wann, wer.

a. Er will wissen, ... der Bus kommt. ☐

b. Sie hat gefragt, ... du gerade arbeitest. ☐

c. Darf ich fragen, ... hier zuständig ist? ☐

☐

Gesamtpunktzahl ☐

15

Niveaustufentest B2

❶ Das attributive Partizip
Ergänzen Sie Partizip I oder Partizip II.

a. Man kann schon die .... Affen hören
(schreien). ☐

b. Die Lotion hat eine .... Funktion
(schützen). ☐

c. Die Firma hat Anträge mit falsch ....
Beträgen geschickt (berechnen). ☐

d. Sie brachten uns eine aus Holz ....
Figur mit (schnitzen). ☐
☐

❷ Das Futur II
Schreiben Sie die Sätze im Futur II.

a. Er ist sicher schon losgefahren.

.... ☐

b. Was ist da wohl passiert?

.... ☐

c. Bis morgen haben Sie den Bericht fertig geschrieben!

.... ☐
☐

❸ Die indirekte Rede
Ergänzen Sie die indirekte Rede.

a. „Ich habe mit der Affäre nichts zu tun.“

Der Manager versichert, ... ☐

b. „Ich bin ein ausgezeichneter Koch."

Christoph meint, ... ☐

c. „Es wird keine Entlassungen geben."

Der Chef sagte, ... ☐

☐

④ Das Passiv
Bilden Sie das Passiv in der richtigen Zeitform.

a. Wir werden das Gebäude nächstes Jahr restaurieren.

.... ☐

b. Man sprach nie über die Vergangenheit.

.... ☐

c. Man hatte die Mitglieder vorher nicht eingeweiht.

.... ☐

☐

❺ Das Konjunktionaladverb
Ergänzen Sie die Sätze mit folgenden Adverbien:
folglich, jedoch, andernfalls.

a. Der Minister wird teilnehmen, ...
erst am zweiten Tag anreisen. ☐

b. Sie müssen sich sofort melden, ...
wird ihr Platz vergeben. ☐

c. Er kam oft zu spät, ... wurde ihm
gekündigt. ☐

☐

Gesamtpunktzahl ☐

17

Tipps & Tricks: Grammatik lernen, fast kinderleicht

Beneiden Sie nicht auch manchmal Kinder, die eine Sprache so ganz einfach nebenbei lernen, ohne sich über lästige Grammatikregeln oder fehlerhafte Konstruktionen Gedanken zu machen? Ganz so sorglos können wir Ihnen die Grammatik nicht nahebringen, ob es sich dabei nun um das Regelwerk Ihrer eigenen Muttersprache handelt, mit dem Sie sich vertraut machen möchten, oder ob die deutsche Sprache für Sie Neuland ist. Nichtsdestotrotz heißt Sprachenlernen und insbesondere Grammatiklernen nicht zwingend stures Auswendiglernen und langweiliges Regelpauken. Um Ihnen den Umgang mit Grammatik etwas zu erleichtern, verraten wir Ihnen hier einige praktische Tipps & Tricks zum Grammatiklernen.

⚠ Das Gesetz der Regelmäßigkeit
Grammatik ist wie Sport. Wer nur einmal alle Jubeljahre trainiert, wird wohl kein Marathonläufer. Es ist sinnvoller, regelmäßig ein wenig als unregelmäßig viel zu lernen. Setzen Sie einen bestimmten Zeitpunkt fest, zu dem Sie sich ungestört der Grammatik widmen können, z.B. täglich eine Viertelstunde vor dem Einschlafen oder drei Mal wöchentlich in der Mittagspause. Lernen Sie kontinuierlich, denn nur so lässt sich Ihr Langzeitgedächtnis trainieren.

⚠ Aufwärmen lohnt sich
Gelernten Stoff zu wiederholen ist wie leichtes Joggen: Laufen Sie sich warm mit Altbekanntem, bevor Sie sich an Neues wagen. Auch wenn ständig neue Grammatikregeln auf Sie zukommen, darf das bereits Erlernte nicht vernachlässigt werden.

!. Das Salz in der Suppe

Versuchen Sie niemals zu viele Grammatikregeln auf einmal zu lernen. Man verliert schnell den Überblick und vergisst die Details. Verwenden Sie Grammatik wie das Salz in der Suppe. Ebenso wie man eine Suppe versalzen kann, kann man sich das Erlernen der Grammatik einer Sprache erschweren, indem man versucht, sich zu viele Regeln auf einmal einzuprägen. Lernen Sie langsam, stetig und zielorientiert und verdauen Sie in kleinen Häppchen. Nur Geduld!

!. Wer ist schon perfekt …

Immer locker bleiben! Lassen Sie sich nicht von Perfektionsgedanken leiten. Perfektion ist nicht das vordergründigste Ziel beim Grammatiklernen und blockiert nur den Lernprozess. Im Vordergrund sollte der Wunsch stehen, eine Sprache zu durchschauen und zu verstehen, wie sie funktioniert.

!. Fehleranalyse gegen Fettnäpfchen

Haben Sie keine Angst vor Fehlern! Es ist nicht das Ziel des Lernens, keine Fehler zu machen, sondern gemachte Fehler zu bemerken. Nur wer einen Fehler im Nachhinein erkennt, kann ihn beim nächsten Mal vermeiden. Das Beherrschen grammatischer Grundregeln ist dabei durchaus hilfreich: zum einen, um einen Fehler und den vielleicht erstaunten oder verständnislosen Gesichtsausdruck des Gegenübers nachvollziehen zu können, und zum anderen, um nicht ein zweites Mal in dasselbe Fettnäpfchen zu treten.

!. Begeben Sie sich nicht ins Abseits

Grammatik ist spannend, wenn man sich einen Einblick in ihre Strukturen verschafft. Vergleichen Sie Grammatik auch in diesem Sinne mit Sport. Jede Sportart wird erst dann so richtig interessant, wenn man in der Lage ist, ihre Regeln nachzuvollziehen. Oder würden Sie auch Fußball oder Tennis anschauen, wenn es für Sie nur ein sinnfreies „Dem-Ball-Nachlaufen" darstellen würde? Betrachten Sie Grammatik als eine Sportart, deren komplizierte Spielregeln Sie allmählich erlernen, um mitspielen und mitreden zu können, damit Sie nicht im Abseits landen.

⚡ Haben Sie einen Typ?

Finden Sie heraus, welcher Lerntyp Sie sind. Behalten Sie eine Regel schon im Gedächtnis, wenn Sie sie gehört haben *(Hörtyp)* oder müssen Sie sie gleichzeitig sehen *(Seh-, Lesetyp)* und dann aufschreiben *(Schreibtyp)*? Macht es Ihnen Spaß, Grammatikregeln in kleinen Rollenspielen auszuprobieren *(Handlungstyp)*? Die meisten Menschen tendieren zum einen oder anderen Lerntyp. Reine Typen kommen nur sehr selten vor. Sie sollten daher sowohl Ihren Typ ermitteln als auch Ihre Lerngewohnheiten Ihren Vorlieben anpassen. Halten Sie also Augen und Ohren offen und lernen Sie ruhig mit Händen und Füßen, wenn Sie der Typ dafür sind.

⚡ Sags mit einem Post-it

Auf Post-its wurden schon Heiratsanträge gemacht oder Beziehungen beendet. Also ist es kein Wunder, dass man damit auch Grammatik lernen kann. Schreiben Sie sich einzelne Regeln (idealerweise mit Beispielen, s. u.) separat auf Blätter oder Post-its und hängen Sie sie dort hin, wo Sie sie täglich sehen können, z. B. ins Bad über den Spiegel, an den Computer, den Kühlschrank oder neben die Kaffeemaschine. So verinnerlichen Sie bestimmte Regeln ganz nebenbei. Denn das Auge lernt mit.

⚡ Beispielsätze gegen Trockenfutter

Trockenfutter ist schwer verdaulich. Einzelne Grammatik-
regeln trocken aufzunehmen ebenso. Ergänzen Sie jede
Regel mit Beispielsätzen. Wenn Ihnen die Beispiele, die
Sie in den Lehrbüchern finden, nicht gefallen, formulieren
Sie eigene!
Sie können sich auch konkrete Anwendungsbeispiele aus
den verschiedenen Medien (Zeitungen, Büchern, Filmen,
Songtexten) einverleiben. So wird Grammatik ganz leicht
bekömmlich.

⚡ Grammatik à la Karte

Wie beim Vokabellernen lässt sich auch für die Grammatik eine Art Karteikasten mit einzelnen Karten anlegen.
Schreiben Sie eine Regel, eine Ausnahme oder ein Stich-
wort auf die eine Seite und Beispiele, Anwendungen oder
Lösungen auf die andere. Schauen Sie sich die Karten
regelmäßig an und sortieren Sie die, die Ihnen vertraut
sind, allmählich aus.

⚡ Lieber Miss Marple als Steuerberater?

Viele Menschen empfinden Grammatikübungen als langweilig. Zugegeben: Wer immer nur Lückentexte macht,
verliert schnell die Lust am Lernen. Achten Sie darauf,
dass die Grammatikübungen, die Sie machen, abwechs-
lungsreich sind. Sie sollten beim Grammatiktraining nicht
das Gefühl haben, als würden Sie Ihre Steuererklärung
ausfüllen oder an einer unbezahlten Umfrage teilnehmen,
sondern vielmehr als würden Sie einen rätselhaften Krimi-
nalfall lösen (zum Beispiel mit Zuordnungsaufgaben), an
einem Quiz teilnehmen (mit Multiple-Choice-Aufgaben)
oder einen Geheimcode dechiffrieren (zum Beispiel bei
Satzbauübungen).

L! Setzen Sie Ihrer Fantasie keine Grenzen

Machen Sie sich im wahrsten Sinne ein Bild von der Situation, denn auch Bilder, die Sie im Kopf haben, dienen als Gedächtnisstützen. Versuchen Sie also, einen neuen grammatischen Begriff oder eine schwierige Regel mit einem einfachen Bild zu verknüpfen. Vor allem das Erlernen der Zeiten funktioniert besser, wenn Sie sich das, was die jeweilige Zeitform ausdrückt, visuell vorstellen. Diese Vorstellungen können abstrakt oder konkret sein. Je gefühlsintensiver ein Bild ist, desto einprägsamer ist der damit in Verbindung gebrachte grammatische Inhalt.

L! Eigenlob stinkt nicht immer

Schauen Sie ruhig auf das, was sie bereits gelernt haben. Loben Sie sich für Fortschritte, die Sie bereits gemacht haben, oder belohnen Sie sich für Ihre guten Leistungen. Lob motiviert ungemein und Motivation ist eine grundlegende Voraussetzung für erfolgreiches Lernen.

L! Beweisen Sie Taktgefühl

Klopfen Sie im Takt dazu (z. B. auf die Tischplatte), wenn Sie sich Grammatikregeln, feste Wendungen oder Beispielsätze einprägen wollen. Takt und Rhythmus fördern Ihr Erinnerungsvermögen. Eventuell hilft auch musikalische Unterstützung in Form von Hintergrundmusik. Und beim Wiederholen der Regeln und Strukturen können Sie Ihr Taktgefühl und Ihr Gedächtnis unter Beweis stellen.

L! Wer liest, ist im Vorteil!

Wer viel liest, nimmt unbewusst sprachliche Details und Strukturen auf und macht sich so ganz nebenbei mit den Eigenheiten einer Sprache vertraut. Beim Lesen kann man also wunderbar das Angenehme mit dem Nützlichen verbinden: Während man Informationen aufnimmt, interessante Dinge erfährt oder einfach nur gemütlich schmökert, schärft man gleichzeitig sein Gespür für die Sprache, ohne jedoch bewusst Grammatik zu pauken. Suchen Sie sich die Sorte von Texten aus, die Ihnen am liebsten ist – ob Zeitungsartikel, Liebesroman oder spannender Krimi: Wer viel liest, ist klar im Vorteil! Wie immer Sie sich entscheiden: Auch beim Lesen sollte natürlich die Freude an der Sprache im Mittelpunkt stehen.

! Hemmungslos werden

Auch wenn die Beschäftigung mit Grammatik nicht zu Ihren bevorzugten Freizeitaktivitäten gehört, sollten Sie, um Abneigungen, Hemmungen oder Widerwillen abzubauen, die Sprachregeln mit anderen, alltäglichen Regeln vergleichen. Straßenverkehrsregeln, mathematische Grundregeln, Regeln von Sportarten etc. sind Ihnen heute völlig vertraut, mussten jedoch erst einmal von Ihnen gelernt werden.

Auch die Regeln der Grammatik werden Sie eines Tages verinnerlicht haben und ohne viel Aufhebens anwenden können.

Viel Spaß beim Lernen der deutschen Grammatik wünscht Ihnen

Ihre Langenscheidt-Redaktion

1 Der Artikel

„die Schwester"

„der Bruder"

Der Artikel

☀ Der Artikel richtet sich in Genus, Numerus und Kasus nach dem Substantiv, das er begleitet. Das Substantiv steht entweder mit dem bestimmten Artikel (der, das, die), dem unbestimmten Artikel (ein, ein, eine) oder *ohne* Artikel.

A1 1.1 **Der bestimmte Artikel**

Formen

	Maskulinum	Neutrum	Femininum	Plural
Nom.	der Stuhl	das Kind	die Katze	die Kinder
Akk.	den Stuhl	das Kind	die Katze	die Kinder
Dat.	dem Stuhl	dem Kind	der Katze	den Kindern
Gen.	des Stuhls	des Kindes	der Katze	der Kinder

☀ Der bestimmte Artikel kann in einigen Fällen mit einer Präposition verschmelzen: am, im, zum, beim, vom (an dem, in dem, zu dem, bei dem, von dem), ins (in das), zur (zu der).

➡ In der gesprochenen Sprache gibt es noch weitere Formen: ans (an das), aufs (auf das), fürs (für das), hinterm (hinter dem), überm (über dem) etc.

Die Verschmelzung von Artikel und Präposition tritt vor allem auf:
- bei Zeitangaben: **am** Dienstag, **im** Juli
- bei identifizierten Gegenständen oder Orten: **im** Allgäu, **ins** Bett gehen
- bei substantivierten Infinitiven: **zum** Essen kommen
- in festen Verbindungen: **zur** Verfügung stellen, **zur** Kenntnis nehmen, **im** Stich lassen

Gebrauch

Der bestimmte Artikel steht vor einem Substantiv, das
- allgemein bekannt ist:
  Die Erde **A2** dreht sich um **die** Sonne.
- aus der Situation heraus bekannt ist:
  Der Zug kommt gleich.
- schon vorher im Text genannt wurde oder über das bereits gesprochen wurde:
  Ich kaufe ein Auto. **Das** Auto ist zwei Jahre alt.

⚡ Kein Artikel steht im Allgemeinen
- bei Ortsbezeichnungen und Ländernamen:
  Er wohnt in Berlin. Ich komme aus Europa.
  ◖ Der bestimmte Artikel steht jedoch bei folgenden geografischen Namen:
  - Ländernamen auf -ei: **die** Türkei, **die** Slowakei, **die** Mongolei (⚠ Substantive auf -ei sind immer feminin!)
  - Ländernamen im Plural: **die** Niederlande
  - wenn Ländernamen ein anderes Substantiv bei sich haben: **die** Bundesrepublik Deutschland
  - Außerdem: **die** Schweiz; ⚡ Achtung: **der** Iran, **der** Irak, **der** Libanon können auch ohne Artikel stehen!
  - Landschaftsnamen: **das** Allgäu, **der** Schwarzwald
  - Namen von Gebirgen: **die** Zugspitze, **die** Alpen
  - Namen von Gewässern: **die** Donau, **der** Bodensee

- bei Personennamen:
  Ich habe Moritz getroffen.

- bei Stoffnamen und Abstrakta:
  Ich trinke gern Wein. Liebe macht **A2** blind.
  ◖ Aber: Wenn man etwas Bestimmtes, Identifizierbares meint, verwendet man den bestimmten Artikel:
  Michaela ist **die** Liebe seines Lebens.

1.2 Der unbestimmte Artikel

Formen

	Maskulinum	Neutrum	Femininum	Plural
Nom.	ein Stuhl	ein Kind	eine Katze	Kinder
Akk.	einen Stuhl	ein Kind	eine Katze	Kinder
Dat.	einem Stuhl	einem Kind	einer Katze	Kindern
Gen.	eines Stuhls	eines Kindes	einer Katze	Kinder

⚡ Der Plural des unbestimmten Artikels ist eine Nullform:
ein Stuhl → Stühle, ein Kind → Kinder.

☼ Die verneinte Form des unbestimmten Artikels lautet
kein/kein/keine. Im Plural hat **kein** die gleichen Endungen
wie der Possessivartikel **mein** (▷ **6.4**).

Gebrauch
Der unbestimmte Artikel wird verwendet, wenn das
Substantiv etwas Neues oder Unbekanntes bezeichnet:
Ich kaufe **ein** Auto. Das Auto ist zwei Jahre alt.

⚡ Der unbestimmte Artikel steht nicht:
• bei Stoffnamen und Abstrakta:
  Ich trinke gern Wein. Liebe macht **A2** blind.
  ◗ Aber: Wenn man besondere Eigenschaften erwähnen
  will, verwendet man den unbestimmten Artikel:
  Ich suche **einen** trockenen Rotwein.
• beim Beruf, der Nationalität, der Religion:
  Sie ist Ärztin. Er ist Österreicher. Sie ist Jüdin.
• in festen Verbindungen, z. B.: Angst haben, Auto fahren
• in bestimmten Formeln: über Stock und Stein
• in festen Sprichwörtern: Ende gut, alles gut.

Auf einen Blick 🔍

Der Artikel

Formen

Vor Substantiven stehen in der Regel entweder der bestimmte Artikel (der, die, das) oder der unbestimmte Artikel (ein, eine, ein). Die Pluralform für den bestimmten Artikel ist immer die. Den unbestimmten Artikel im Plural gibt es nur in der negativen Form keine. Je nach Kasus des Substantivs ändern sich die Formen der Artikel.

⚡ Die Artikel einiger Substantive können sich je nach Region unterscheiden: **der** oder **das** Gummi, **der** oder **das** Joghurt, **das** oder **die** Cola.

Gebrauch

Der bestimmte Artikel steht vor schon bekannten oder erwähnten Substantiven:

Dort liegt eine Tasche. **Die** Tasche gehört Martina.

Der Rhein fließt durch Deutschland.

Der neutrale Artikel das kann auch vor substantivierten Verben und Adjektiven stehen: Man kann **das** Rauschen des Meeres hören. **Das** Rot des Sofas ist mir zu grell.

Der unbestimmte Artikel steht vor noch nicht bekannten oder nicht näher bestimmten Substantiven:

Dort liegt **eine** Tasche. Die Tasche gehört Martina.

Ich kaufe mir heute **eine** Hose.

⚡ Kein Artikel steht z. B. vor:

- Substantiven in Überschriften und Schlagzeilen: **Katastrophe: Waldbrand** in Griechenland.
- Zeitangaben mit es + sein/werden: Es wird **Abend**.
- Zeitangaben ohne Präposition + Adjektiv: Letztes **Jahr** haben wir geheiratet.

2 Das Substantiv

„die Mutter"

„der Vater"

„das Kind"

(A1) **Das Substantiv**

ⓘ Jedes Substantiv zeigt ein bestimmtes Genus (Maskulinum, Neutrum, Femininum), einen bestimmten Numerus (Singular oder Plural) und einen bestimmten Kasus (Nominativ, Akkusativ, Dativ oder Genitiv). Das Genus eines Substantivs ist fest mit ihm verbunden, der Kasus hängt von der Rolle im Satz ab und der Numerus von der Ausdrucksabsicht.

(A1) 2.1 **Das Genus**

ⓘ In den meisten Fällen ist das Genus willkürlich und nur am Artikel (der, das oder die) zu erkennen. !͟ Im Deutschen gibt die Form des Substantivs selten Aufschluss über das Genus – deshalb: Am besten bei jedem Substantiv den Artikel direkt mitlernen!

☼ Im Plural gibt es keine Unterscheidung der Genera, der Artikel lautet immer die (▷ **2.2**).

Das maskuline Genus haben:
* Substantive, die männliche Personen bezeichnen:
  der Arzt, Chef, Mann, Neffe, Onkel, Sohn, Vater

(B1) Darunter auch Substantive mit den Endungen:

-er: **der** Lehr**er**, Säng**er**, Schül**er**, Rentn**er**, Sportl**er**
-ent/-ient/-and/-ant: **der** Präsid**ent**, Pati**ent**,
(B2) Doktor**and**, (B2) Fabrik**ant**
-är/-eur/-ör: (B2) **der** Revolution**är**, Fris**eur**, Fris**ör**
-ier: (B2) **der** Bank**ier**, (B2) Offiz**ier**
-or: **der** Aut**or**, Dokt**or**
-ist: **der** Poliz**ist**, (B2) Real**ist**, (B2) Kommun**ist**
-e: **der** Dän**e**, Franzos**e**, Pol**e**, Russ**e**, Jung**e**, Kolleg**e**

- Substantive mit den Endungen:

-er: Geräte: **der** Comput**er**, Fernseh**er**, Rechn**er**
    andere: **der** Fing**er**, Hamm**er**
    (aber: **die** Butter, Mutter, Oper, Schwester etc.,
    das Alter, Fenster, Messer, Wasser, Zimmer etc.)
-ling: **der** Früh**ling**, Lehr**ling**, Säug**ling**, Schmetter**ling**
-ig/-ich: **der** Ess**ig**, Hon**ig**, Kön**ig**, Pfirs**ich**, Tepp**ich**

- Substantive aus Verben (ohne -en): **der** Befehl, Beginn,
  Besitz, Flug, Plan, Ruf, Schlaf
- Zeit (Tage/Monate/Jahreszeiten): **der** Dienstag, Mitt-
  woch, Mai, Juni, Frühling, Sommer
- Niederschläge: **der** Hagel, Regen, Schnee
- Automarken und Züge: **der** BMW, ICE
- alkoholische Getränke: **der** Wein, **das** Bier
- Mineralien und Gesteine: **der** Fels, Granit, Marmor

Das neutrale Genus haben:
- Substantive mit den Endungen:

-chen/-lein: **das** Häus**chen**, Würst**chen**, Vög**lein**,
(auch weibliche Personen: **das** Mäd**chen**)
-um: **das** Dat**um**, Muse**um**, Studi**um**, Zentr**um**
-ma: **das** Kli**ma**, The**ma**
-ment: **das** Instru**ment**, Parla**ment**, Ele**ment**
-o/-eau: **das** Kin**o**, Radi**o**, Mott**o**, Niv**eau**
-at: **das** Sekretari**at**, **das** Plak**at**

- Substantivierte Verben mit den Endungen:

-en: **das** Ess**en**, Les**en**, Schreib**en**, Trink**en**
-ing: **das** Train**ing**, Jogg**ing**, Camp**ing** (aus dem Eng-
lischen)

- Sprachen: **das** Deutsche, Englische, Französische
- Substantive aus Adjektiven, insbesondere auch Farbnamen: **das** Gute, Schöne, Wahre; Blau, Lila
- geografische Eigennamen (Städte, Länder, Kontinente), wenn sie ein Attribut bei sich haben: **das** schöne Berlin/Rom, **das** alte China/Italien

Folgende Substantive haben ein feminines Genus:
- Substantive, die weibliche Personen bezeichnen: **die** Frau, Mutter, Tante, Tochter, Schwester
  (◉ aber: **das** Mädchen, **das** Fräulein)
- Substantive mit den Endungen:

-ung: **die** Anmeld**ung**, Heiz**ung**, Zeit**ung**
-heit/-keit: **die** Frei**heit**, Möglich**keit**
-schaft: **die** Freund**schaft**, Gesell**schaft**
-e: **die** Erd**e**, Frag**e**, Hilf**e**, Reis**e**, Sprach**e**, Sonn**e**
  (◉ Ausnahmen: männliche Personen (s.o.) und Tiere: **der** Junge, Affe, **das** Auge, Ende)
-ei: **die** Bäcker**ei**, Bücher**ei**, Metzger**ei**
-ität: **die** National**ität**, Univers**ität**
-ion: **die** Informat**ion**, Diskuss**ion**, Rezept**ion**
-ik: **die** Mus**ik**, Polit**ik**, Krit**ik**, Techn**ik**

- Substantive vom Verb mit der Endung -t: **die** Furch**t**, Sich**t**, Ta**t** (oft)
- Zahlen und Noten: **die** Eins, Zwei, Sieben, Dreizehn
- Schiffe, Flugzeuge und Motorradmarken: **die** Titanic, Boeing, Vespa
- Blumen und Bäume: **die** Rose, Tanne

⚡ Substantive mit folgenden Endungen sind Neutrum
oder Femininum:

	Femininum	Neutrum
-nis	**die** Kenntnis, Finsternis	**das** Ereignis, **das** Missverständnis
-sal	**die** Drangsal	**das** Schicksal

⚡ Substantive mit folgenden Endungen sind Maskulinum
oder Neutrum:

	Maskulinum	Neutrum
-tum	**der** Irrtum, der Reichtum	**das** Altertum, das Eigentum

☀ Bei zusammengesetzten Substantiven bestimmt immer das Genus des letzten Substantivs das Genus des ganzen Wortes: das Haus + die Tür → **die** Haustür + der Schlüssel → **der** Haustürschlüssel.

2.2 Der Plural

❶ Das Substantiv hat im Deutschen nur im Plural eine Endung. Der Singular bleibt ohne Kennzeichen. Die Pluralform des Artikels lautet für alle Substantive die.

Formen
❶ Für die Bildung des Plurals gibt es 5 Endungen:

N	= Endung -n oder -en	Rose → Rosen
E	= Endung -e	Tier → Tiere
R	= Endung -er	Bild → Bilder
S	= Endung -s	Auto → Autos
Ø	= keine Endung	Lehrer → Lehrer

B1 Allgemein gilt Folgendes:

- N-Plural: ☀ Die Endung lautet -n, wenn das Substantiv auf unbetontes -e endet, in allen anderen Fällen lautet sie -en: die Hose → die Hosen, die Zeitung → die Zeitungen. ⚡ Beim N-Plural gibt es keinen Umlaut.
- E-Plural: ☀ Die Pluralendung -e tritt vor allem bei Maskulina und Neutra auf: der König → die Könige. Maskulina haben zusätzlich oft einen Umlaut.
- R-Plural: ☀ Die Pluralendung -er tritt vor allem bei (einsilbigen) Neutra auf, oft auch mit Umlaut: das Buch → die Bücher. ⚡ Feminina können keinen R-Plural haben.
- S-Plural: ☀ Die Pluralendung -s tritt in allen drei Genera auf und hat nie einen Umlaut: die Oma → die Omas, das Kino → die Kinos, der Lkw → die Lkws.
- Ø-Plural: ☀ Der Null-Plural, d. h. keine Pluralendung, tritt vor allem bei Maskulina auf (häufig mit Umlaut): der Lehrer → die Lehrer.

A1 ## 2.3 Der Kasus

ⓘ Während Substantive den Plural deutlich markieren (▷ 2.2), gibt es heute nur in wenigen Fällen Endungen für den Kasus.

Formen

	Singular Maskulinum		Neutrum	Femininum
Nom.	Mann	Herr	Kind	Frau
Akk.	Mann	Herrn	Kind	Frau
Dat.	Mann	Herrn	Kind	Frau
Gen.	Mannes	Herrn	Kindes	Frau

B1 (Gen. row)

	Plural				
	N	E	R	S	Ø
Nom.	Frauen	Leute	Männer	Babys	Lehrer
Akk.	Frauen	Leute	Männer	Babys	Lehrer
Dat.	Frauen	Leuten	Männern	Babys	Lehrern
Gen.	Frauen	Leute	Männer	Babys	Lehrer	**B1**

🔆 Keine Kasusendung haben feminine Substantive im Singular sowie im Nominativ, Genitiv und Akkusativ Plural. Der Dativ hat im Plural die Endung -n, aber nicht bei N-Plural oder S-Plural.

🔆 Substantive im Maskulinum und im Neutrum zeigen im Genitiv Singular die Endung -s oder -es: der Bus → des Busses, der Abend → des Abends. **B1**

2.3.1 Die N-Deklination **B1**

🔆 Eine kleine Gruppe von Substantiven im Maskulinum hat im Akkusativ, Dativ und Genitiv die Endung -(e)n.

	Singular				Plural
Nom.	der Herr	der Mensch	der Junge	der Löwe	die Löwen
Akk.	den Herrn	den Menschen	den Jungen	den Löwen	die Löwen
Dat.	dem Herrn	dem Menschen	dem Jungen	dem Löwen	den Löwen
Gen.	des Herrn	des Menschen	des Jungen	des Löwen	der Löwen

Zu dieser Gruppe gehören folgende Substantive:
• der Bauer, Held, Affe, Elefant
• der Junge, Bote, Däne (Personenbezeichnungen auf -e)
• der Student, Patient

⚡ Einige maskuline Substantive weisen im Akkusativ und Dativ -n, im Genitiv aber -ns auf:

Nom.	Akk.	Dat.	Gen.
der Name	den Namen	dem Namen	des Namens

B2 2.3.2 Der Genitiv mit *von*

☼ Wenn ein Substantiv im Genitiv ohne Artikel oder Adjektiv steht, so wird die Genitivform durch die Präposition von ausgedrückt: das Verbot **von** Alkohol (◖ aber: das Verbot des Alkohols/das Verbot ausländischen Alkohols), die Einfuhr **von** Zitronen (◖ aber: die Einfuhr der Zitronen/die Einfuhr spanischer Zitronen).

B1 2.3.3 Die Deklination von Eigennamen

☼ Eigennamen haben nur im Genitiv eine Endung, und zwar -s: Lisas, Pauls, Schillers, Europas.

Der Genitiv kann *vor* oder *nach* dem Bezugssubstantiv stehen: Lisas Geschenke – die Geschenke Lisas.

2.3.4 Kasus-Signale

Kasus-Signale am Artikel und am Substantiv:

	Maskulinum		Neutrum		Femininum		Plural	
Nom.	r	–	s	–	e	–	e	–
Akk.	n	(en)	s	–	e	–	e	–
Dat.	m	(en)	m	–	r	–	n	-n
Gen.	s	-s/(en)	s	-s	r	–	r	–

Auf einen Blick 🔍

Das Substantiv

Der Plural

Im Deutschen gibt es fünf verschiedene Pluralendungen -(e)n, -e, -er, -s und den Plural ohne Endung. Beim **E-**, **R-** und **Null-Plural** werden die Stammvokale a, o, u und au häufig zum Umlaut: der Hut – die **Hüte**, das Haus – die **Häuser**, die Mutter – die **Mütter**.

⚠ Da die Regeln für die Pluralformen sehr umfangreich sind, lernt man die Pluralform am besten immer zusammen mit dem Singular und dem Artikel.

⚡ Von einigen Substantiven gibt es nur eine Singularform oder nur eine Pluralform.
Nur Singular: z. B. **das Besteck, der Kaffee, das Mehl, das Glück**
Nur Plural: z. B. **die Bedenken, die Eltern, die Kosten, die Ferien, die Lebensmittel, die Trümmer**

Der Kasus

Den Kasus (Nominativ, Akkusativ, Dativ, Genitiv) eines Substantivs erkennt man an der Form des Artikels und nur in wenigen Fällen an der Endung des Substantivs. Diese gibt es heute bei Substantiven im Singular nur noch bei der N-Deklination im Akkusativ, Dativ und Genitiv und beim Genitiv der maskulinen und neutralen Substantive. Im Plural hat nur der Dativ eine Endung: -n, allerdings nicht beim N- und S-Plural.
ℹ Die alte Endung im Dativ Singular, -e bei Maskulinum und Neutrum, hat sich nur noch in festen Wendungen erhalten: in diesem **Sinne**, zu **Wasser** und zu **Lande**, dem **Manne** kann geholfen werden.

„So ein faules Tier!"

3 Das Adjektiv

(A1) **Das Adjektiv**

❶ Adjektive beschreiben die Eigenschaften von Personen, Sachen oder Handlungen.

(A1) 3.1 Das prädikative und das adverbiale Adjektiv

☀ Das prädikative Adjektiv ist Teil des Prädikats, d.h. es steht nach dem Hilfsverb sein/werden/bleiben:
Sie ist **müde**. Er wird **rot**. Diese Wand bleibt **weiß**.

☀ Das adverbiale Adjektiv bezieht sich auf ein Verb:
Er spricht **leise**. Sie läuft **schnell**.

⚡ In prädikativer und adverbialer Funktion bleibt das Adjektiv unverändert:
Er/sie/es ist **müde**. Wir/sie sind **müde**.
Er/sie/es läuft **schnell**. Wir/sie laufen **schnell**.

(A2) 3.2 Das attributive Adjektiv

☀ Das Adjektiv als Attribut steht in der Regel zwischen dem Artikel und dem Substantiv und wird dekliniert:
der **alte** Mann, das **wilde** Meer, die **dunkle** Nacht.

Formen
Die Endungen des deklinierten Adjektivs werden bestimmt:
• von Genus, Numerus und Kasus des Substantivs, das nach ihm steht,
• von dem Artikel, der vor ihm steht.

Man unterscheidet zwei Deklinationstypen. Ihre Verwendung hängt davon ab, ob der Artikel vor dem Adjektiv ein Kasus-Signal (▶ 2.3) hat oder nicht.
• Schwache Adjektivdeklination:

☼ Wenn der Artikel vor dem Adjektiv ein Kasus-Signal hat, trägt das Adjektiv nur die Endung -e oder -en. Diesen Deklinationstyp nennt man schwache Adjektivdeklination.

	Maskulinum	**Neutrum**	**Femininum**	**Plural**
Nom.	der alte Mann	das leere Zimmer	die blaue Blume	die guten Zeiten
Akk.	den alten Mann	das leere Zimmer	die blaue Blume	die guten Zeiten
Dat.	dem alten Mann	dem leeren Zimmer	der blauen Blume	den guten Zeiten
Gen.	des alten Mannes	des leeren Zimmers	der blauen Blume	der guten Zeiten

B1

☼ Dieser Typ der Deklination tritt auf nach dem bestimmten Artikel **der/das/die** und nach den folgenden Artikelwörtern:

dieser, jener, jeder, mancher, welcher, solcher, derselbe, derjenige, jeglicher, alle, beide

- Starke Adjektivdeklination: **B1**
  ☼ Die sogenannte starke Adjektivdeklination tritt auf, wenn vor dem Adjektiv kein Kasus-Signal vorhanden ist, d. h. wenn es keinen Artikel gibt oder der Artikel kein Kasus-Signal hat. In diesem Fall muss das Adjektiv selbst die Kasus-Signale übernehmen.
  ◗ Aber: Im Genitiv Maskulinum und Neutrum hat das Substantiv das Kasus-Signal. Das Adjektiv braucht dann kein eigenes Kasus-Signal und bekommt die Endung -en.

Das Adjektiv

	Maskulinum	Neutrum	Femininum	Plural
Nom.	alter Mann	leeres Zimmer	blaue Blume	gute Zeiten
Akk.	alten Mann	leeres Zimmer	blaue Blume	gute Zeiten
Dat.	altem Mann	leerem Zimmer	blauer Blume	guten Zeiten
Gen.	alten Mannes	leeren Zimmers	blauer Blume	guter Zeiten

- Adjektivdeklination nach dem unbestimmten Artikel:
  ☀ Die Artikel ein, kein, mein, dein etc. weisen in manchen Formen keine Endung und damit kein Kasus-Signal auf. Das Adjektiv folgt in diesen Fällen der starken Adjektivdeklination. In manchen Formen tragen die Artikel bereits das Kasus-Signal und das Adjektiv folgt der schwachen Deklination. Die Deklination nach ein etc. heißt deshalb auch „gemischte Deklination".

	Maskulinum	Neutrum	Femininum	Plural
Nom.	ein alter Mann	ein leeres Zimmer	eine blaue Blume	gute Zeiten
Akk.	einen alten Mann	ein leeres Zimmer	eine blaue Blume	gute Zeiten
Dat.	einem alten Mann	einem leeren Zimmer	einer blauen Blume	guten Zeiten
Gen.	eines alten Mannes	eines leeren Zimmers	einer blauen Blume	guter Zeiten

☀ Diese Formen des Adjektivs treten auf nach dem unbestimmten Artikel ein und was für ein, im Singular des negierten Artikels kein sowie im Singular der Possessivartikel mein, dein, sein, ihr, Ihr, unser und euer.

⚡ Die Pluralformen des negierten Artikels kein und der Possessivartikel mein, dein, sein, ihr, Ihr, unser und euer tragen bereits Kasus-Signale. Das Adjektiv folgt deshalb der schwachen Deklination und trägt in allen vier Kasus die Endung -en: mein**e** gut**en** Zeiten, mein**en** gut**en** Zeiten.

⚡ Bei Adjektiven auf -el entfällt das -e- beim Auftreten einer Endung *immer*, bei Adjektiven mit Diphthong und der Endung -er *meistens*:

dunkel: der dunkle Stoff   teuer: die teure Reise
B2 edel: ein edles Pferd   sauer: eine saure Gurke

⚡ Stehen mehrere Adjektive hintereinander, so stimmen **B2** ihre Endungen überein, sie deklinieren „parallel": ein lan**ger**, staubig**er**, wenig befahren**er** Weg.

3.3 Substantivierte Adjektive   **B2**

ℹ Die Deklination dieser Adjektive folgt dem oben dargestellten Schema, lediglich das Substantiv entfällt.

Formen

	Maskulinum	Neutrum	Femininum	Plural
Nom.	der Alte	das Neue	die Fremde	die Deutschen
	ein Alter	ein Neues	eine Fremde	Deutsche
Akk.	den Alten	das Neue	die Fremde	die Deutschen
	einen Alten	ein Neues	eine Fremde	Deutsche
Dat.	dem Alten	dem Neuen	der Fremden	den Deutschen
	einem Alten	einem Neuen	einer Fremden	Deutschen
Gen.	des Alten	des Neuen	der Fremden	der Deutschen
	eines Alten	eines Neuen	einer Fremden	Deutscher

3.4 Attributive Partizipien

❶ Attributive Partizipien (▷⑫) verhalten sich in ihrer Deklination genauso wie attributive Adjektive.

Formen

		Maskulinum	Neutrum
Nom.	Part. II	der gelesene Roman	das geschriebene Buch
		ein gelesener Roman	ein geschriebenes Buch
	Part. I	der lesende Mann	das schreibende Kind
		ein lesender Mann	ein schreibendes Kind
Akk.	Part. II	den gelesenen Roman	das geschriebene Buch
		einen gelesenen Roman	ein geschriebenes Buch
	Part. I	den lesenden Mann	das schreibende Kind
etc.		einen lesenden Mann	ein schreibendes Kind

		Femininum	Plural
Nom.	Part. II	die verfilmte Novelle	die gekauften Texte
		eine verfilmte Novelle	gekaufte Texte
	Part. I	die filmende Frau	die lesenden Leute
		eine filmende Frau	lesende Leute
Akk.	Part. II	die verfilmte Novelle	die gekauften Texte
		eine verfilmte Novelle	gekaufte Texte
	Part. I	die filmende Frau	die lesenden Leute
etc.		eine filmende Frau	lesende Leute

Auf einen Blick 🔍

Das Adjektiv

Adjektive in prädikativer und adverbialer Form haben keine Endung: Es wird **dunkel**. Sie schwimmt **schnell**. Attributive Adjektive werden dekliniert. Die schwache Adjektivdeklination tritt auf, wenn der Artikel vor dem Adjektiv ein Kasussignal hat, d.h. wenn der Artikel Genus, Numerus und Kasus eindeutig kennzeichnet. ☼ Die Adjektivendung ist im Singular -e, außer beim Akkusativ Maskulinum, und im Plural immer -en.

Steht vor dem Adjektiv kein Kasus-Signal, muss das Adjektiv das Kasus-Signal übernehmen. Dann tritt die starke Deklination auf. Dies ist der Fall, wenn das Adjektiv ohne Artikel steht oder nach z.B. manch, solch, welch.

Nach dem unbestimmten Artikel ein, sowie nach kein und den Possessivartikeln (mein, dein etc.) im Singular folgt die gemischte Deklination, da einige Formen keine Endung und kein Kasus-Signal haben. Nach kein und den Possessivartikeln im Plural ist die Endung immer -en.

⚡ Stehen mehrere Adjektive hintereinander, haben sie die gleiche Endung: Das wird eine lang**e**, anstrengend**e** aber schön**e** Reise.
Parallele Deklination zeigen auch Ordinalzahlen in Verbindung mit Adjektiven: das zehnt**e** international**e** Studententreffen.

ℹ Adjektive können mit folgenden Suffixen gebildet werden: z.B. -bar, -haft, -isch, -lich und -los (furchtbar, standhaft, schulisch, kleinlich, atemlos).

4 Das Adverb

„Fünf Tage muss ich
noch warten, dann
kann ich endlich
wieder im Tor stehen!"

Ⓐ2 Das Adverb

ⓘ Adverbien sind Wörter, die nicht dekliniert werden können. Sie dienen hauptsächlich dazu, andere Satzelemente, vor allem das Verb (,ad-verb'), näher zu bestimmen.

Formen
Es gibt verschiedene Adverbien:
• lokale Adverbien:

da, vorn(e), unten, hier, hinten, hin, dort, oben, her

• temporale Bedeutung:

gestern, jetzt, Ⓑ1 vorher, immer, heute, Ⓑ1 damals, zuerst, oft, morgen, sofort, meist(ens)

• modale Adverbien:
  • der Art und Weise:

so, gern, Ⓑ2 vergebens, Ⓑ2 glücklicherweise, Ⓑ2 umsonst, genauso, leider, irgendwie, hoffentlich

  • des Grades und Maßes:

viel, fast, Ⓑ2 kaum, wenig, sehr, Ⓑ2 etwa

Gebrauch
Adverbien können auftreten als:
• adverbiale Bestimmung zum Verb:
  Sie tanzt **gern**. Sie wohnt **hier**.
• Attribut:
  das Haus **hier**, das **sehr** alte Haus
• Prädikativ:
  Ich bin **hier**.

Auf einen Blick 🔍

Das Adverb

Adverbien werden nicht dekliniert. Sie bestimmen andere
Satzelemente genauer nach Zeit, Ort, der Art und Weise
und des Grades und Maßes.
Das Zelt bauen wir **hier** auf.
Wir gehen **oft** ins Kino.
Ich komme dich **gern** wieder besuchen.
Er hätte **fast** einen Unfall gehabt.

5 Der Vergleich

„Er ist größer als du …“

Der Vergleich

ⓘ Im Deutschen können Adjektive und einige wenige Adverbien gesteigert werden. Es gibt drei Vergleichsstufen, die im Deutschen nur durch Anfügung von Endungen gebildet werden können:

Positiv: Ø (keine Endung)	Das Fahrrad ist **so schnell wie** der Bus.
Komparativ: -er	Das Auto ist **schneller als** das Fahrrad.
Superlativ: -(e)st	Das Flugzeug ist **am schnellsten**.

Die drei Vergleichsstufen geben an, dass etwas mit etwas anderem verglichen wird.

☼ Der Positiv, bei dem das Adjektiv keine Endung bekommt, bezeichnet Gleichheit zwischen den zwei verglichenen Personen oder Sachen. Vor dem Adjektiv steht so oder genauso und das Verglichene wird mit wie angeschlossen:

Eva ist **(genau)so** groß **wie** Susanne.

 ## 5.1 Der Komparativ

Formen
Regelmäßige Formen:

	Grundform	Komparativ
Adj.	schnell	schneller
	langsam	langsamer
	billig	billiger
Adv.	wenig	weniger

⚡ Wie bei der Adjektivdeklination (▶ ❸) fällt auch beim Komparativ das -e der Endung *immer* weg bei Adjektiven, die auf -el enden, und *meistens* bei Adjektiven mit Diphthong und der Endung -er: **dunkel** → **dunkler**, **respektabel** → **respektabler**, **teuer** → **teurer**.

Viele einsilbige Adjektive und das Adverb oft haben einen Umlaut: **hoch** → **höher**, **jung** → **jünger**, **oft** → **öfter**.

Unregelmäßige Komparativformen:

	Grundform	Komparativ
Adj.	gut	besser
Adv.	viel	mehr
	gern	lieber
	bald	eher

Gebrauch

💡 Der Komparativ drückt Ungleichheit zwischen den verglichenen Personen oder Sachen aus. Das Verglichene wird immer mit **als** angeschlossen:

Eva ist größer **als** Maria.

5.2   Der Superlativ

Formen

Der Superlativ hat zwei verschiedene Formen:

Grundform	am + Superlativ	Artikel + Superlativ
schön	am schönsten	der/die/das schönste
teuer	am teuersten	der/die/das teuerste
dunkel	am dunkelsten	der/die/das dunkelste

- Der Superlativ mit am tritt auf, wenn es sich um einen adverbialen Superlativ handelt:
  Sie malt **am schönsten**.
  Er singt **am besten**.
- Der Superlativ mit Artikel und -st- tritt auf, wenn der Superlativ attributiv ist:
  Er hat **das** schön**ste** Bild gemalt.
  In diesem Restaurant gibt es **das beste** Essen.
- ⚡ Wenn der Superlativ prädikativ ist (also nach sein, werden), kann er beide Formen haben:
  Der Garten ist **am** schön**sten**.
  Das Essen ist **am besten**.
  Der Garten ist der schön**ste**.
  Das Essen ist das **beste**.

Auch im Superlativ haben viele einsilbige Adjektive und das Adverb oft einen Umlaut:

Grundform	Superlativ
warm	am wärmsten
hoch	am höchsten
jung	am jüngsten
oft	am öftesten (häufigsten)

⚡ Die Endung -est tritt auf, wenn das Adjektiv auf einen s-Laut (also -s, -ss, -ß, -z, -x, -sk, -sch) oder -d/-t endet und nicht auf unbetontes -e:

Grundform	Superlativ
mies	am miesesten
süß	am süßesten
frisch	am frischesten
kalt	am kältesten

◗ Ausnahmen:
spannend → am spannendsten (unbetontes -e!)
groß → am größten

ℹ Adjektive auf Vokal oder Diphthong haben die Endung -est oder -st: neu(e)st-, froh(e)st-, rau(e)st-.

Unregelmäßige Superlativformen:

	Grundform	Komparativ	Superlativ
Adj.	gut	besser	am besten
Adv.	viel	mehr	am meisten
	gern	lieber	am liebsten
	bald	eher	am ehesten

Gebrauch

Der Superlativ ist die höchste Vergleichsstufe. Die verglichenen Elemente werden z. B. mit **von** angefügt:
Lisa ist die größte (von allen Schülerinnen).

Wenn der Superlativ adverbial ist, werden verschiedene Dinge verglichen:
Der Garten ist am schönsten (im Vergleich zu anderen Dingen wie **Haus, Platz** etc.).

Wenn der Superlativ prädikativ ist, werden gleiche Dinge verglichen:
Der Garten ist der schönste (Garten, d. h. im Vergleich zu anderen Gärten).
In diesem Fall wird die Adjektivendung an die Superlativendung -(e)st- angehängt:
Der Sportler mit den stärksten Nerven hat gewonnen.

Auf einen Blick 🔍

Der Vergleich

G Adjektive können gesteigert werden. Die drei Vergleichsstufen (Positiv, Komparativ und Superlativ) drücken Gleichheit und Ungleichheit zwischen den verglichenen Personen oder Sachen aus.
Beim Positiv hat das Adjektiv keine Endung:
Der Pullover ist genauso **teuer** wie das T-Shirt.
Der Komparativ hat die Endung -er:
Susi ist **intelligenter** als Paul.
Der Superlativ wird mit der Endung -(e)st gebildet:
Diese Blume ist **am schönsten**.
Attributiver Komparativ und Superlativ werden dekliniert:
Die **jüngeren** Kinder gehen in den Kindergarten.
Das **höchste** Gebäude hier ist die Kirche.

ⓘ Einige Adverbien (bald, gern, viel, wenig, oft) können gesteigert werden.

Positiv:	bald	gern	viel
Komparativ:	eher	lieber	mehr
Superlativ:	am ehesten	am liebsten	am meisten

6 Das Pronomen

„Wo ist der Muffin?
Ich habe ihn doch eben
noch gesehen!"

61

Das Pronomen

ⓘ Pronomen dienen dazu, ein Substantiv zu vertreten. Es gibt vielfältige Formen von Pronomen. ⚡ Manche können nicht nur als Pronomen, sondern auch als Artikel, d. h. zusammen mit einem Substantiv, auftreten:

Artikel	Pronomen
Das ist **mein** Hund.	Das ist **meiner**.
Dein Hund ist größer.	**Deiner** ist größer.
Dieser Park gefällt mir.	**Dieser** gefällt mir.

6.1 Das Personalpronomen

Formen

	Sing.				Pl.		
	1. Pers. **2. Pers.** **3. Pers.**				**1. Pers.** **2. Pers.** **3. Pers.**		
Nom.	ich	du	er	es	sie	wir	ihr	sie/Sie
Akk.	mich	dich	ihn	es	sie	uns	euch	sie/Sie
Dat.	mir	dir	ihm	ihm	ihr	uns	euch	ihnen/Ihnen
Gen.	meiner	deiner	seiner	seiner	ihrer	unser	euer	ihrer/Ihrer

Die Kasus-Signale des Personalpronomens entsprechen weitgehend denen der Artikel.

ⓘ Der Genitiv des Personalpronomens ist heute nicht mehr gebräuchlich. Die Genitivformen **meiner**, **deiner** etc. verbinden sich mit -**seits** und -**wegen** zu Adverbien: **meinerseits**, **deinerseits** etc. ⚡ Vor -**wegen** wird das -r der Endung durch -t ersetzt: **meinetwegen**, **deinetwegen** etc.

Gebrauch

❶ Das Personalpronomen bezeichnet die Rollen der Personen in einem Gespräch: Die 1. Person bezeichnet den oder die Sprecher, die 2. Person den oder die Hörer und die 3. Person bezeichnet Personen und Sachen, über die gesprochen wird.

💡 Die Höflichkeitsform Sie wird formal wie die 3. Person Plural gebildet. Sie dient dazu, den Hörer im Singular und Plural zu bezeichnen – sie entspricht also du und ihr.

6.2   Das Pronomen *es*   **A1**

❶ Das Pronomen es kann in verschiedenen Kontexten auftreten und dabei verschiedene Funktionen übernehmen. Oft hat es keine eigene Bedeutung.

💡 Es kann als Pronomen für eine Substantivgruppe im Neutrum stehen. Dabei kann es Personen und Sachen im Nominativ und im Akkusativ bezeichnen:

Wo ist das Kind? – **Es** spielt. (Person – Nominativ)
Wo ist das Buch? – Auf dem Tisch liegt **es**.
(Sache – Nominativ)
Das Kind ist im Kindergarten. – Wann holst du **es** ab?
(Person – Akkusativ)
Ist das Buch interessant? – Ja, du musst **es** lesen.
(Sache – Akkusativ)

⚡ In der Verbindung mit Präpositionen wird das Pronomen es allerdings nicht verwendet, stattdessen treten Pronominaladverbien (▶ **6.3**) auf: **B1**
Sprecht ihr über das Buch? – Ja, wir sprechen **darüber**.
Denkst du an das Geschenk? – Ja, ich denke **daran**.

B1 Es kann als Pronomen auch für umfangreichere Ausdrücke, z. B. Sätze, stehen:
Oft arbeitet sie am Sonntag, aber sie tut **es** nicht gerne.
(es = am Sonntag arbeiten)

A2 ☼ In unpersönlichen Konstruktionen hat es keine eigene Bedeutung, sondern ist fest mit dem Verb verbunden.
⚠ Am besten wird es mit jedem Verb gelernt.
Es kann hier auftreten als Subjekt („Scheinsubjekt") bei Verben,

- die ein Naturgeschehen bezeichnen:
  Es regnet. **Es** schneit. **Es** ist kalt.
- die eine Zeitangabe machen:
  Es ist sieben Uhr. **Es** ist Mittag.
- die persönliches Befinden bezeichnen:
  Es geht mir gut. Wie geht **es** Ihnen?

B1 - die Sinneseindrücke bezeichnen:

es glänzt, **es** ist (wird) hell
es klopft, **es** knallt, **es** raschelt, **es** läutet
A2 **es** schmeckt (gut …), **es** riecht (gut, schlecht, nach …), **es** duftet, **es** drückt, **es** juckt

- sowie in der festen Verbindung: **Es** gibt.

B1 ☼ Es kann im Vorfeld eines Satzes auftreten (das sogenannte „thematische es"). Dann dient es als eine Art Einführungssignal, das vor allem am Textanfang verwendet wird, damit das Subjekt oder die gesamte Aussage hervorgehoben werden kann. ⚡ Es kann hier nie durch das ersetzt werden:
Es kam ein Mann zu mir und fragte nach dem Weg.

⚡ Es kann in dieser Funktion nur im Vorfeld stehen und fällt weg, wenn im Vorfeld andere Elemente stehen oder wenn der Satz als Frage erscheint:
Es hat jemand angerufen. → Jemand hat angerufen./ Hat jemand angerufen?

☀ Es kann auch als Vorsignal für einen Nebensatz oder **A2** Infinitiv auftreten, der im Hauptsatz Subjekt/Objekt ist:
Es ist wichtig, dass man viel Obst isst.
⚡ Das Pronomen es fällt weg, wenn der Nebensatz oder Infinitiv im Vorfeld steht:
Es ist wichtig, dass man viel Obst isst. → Dass man viel Obst isst, ist wichtig.

6.3 Pronominaladverbien **B1**

☀ Pronominaladverbien sind Verbindungen der Adverbien da und wo mit Präpositionen. ⚡ Wenn die Präposition mit einem Vokal beginnt, wird ein -r eingeschoben (dar-/wor-): dafür, wofür, darauf, worauf.

☀ Pronominaladverbien stehen anstelle von Pronomen mit Präposition, wenn Sachen bezeichnet werden sollen. Verbindungen mit da(r)- ersetzen Personalpronomen (▶ 6.1), Verbindungen mit wo(r)- ersetzen Fragepronomen (▶ 6.8) und Relativpronomen (▶ 6.6):
Ich warte auf den Chef. → Ich warte **auf ihn.** → **Auf wen** wartest du?
Ich warte auf das Paket. → Ich warte **darauf.** → **Worauf** wartest du?

Pronominaladverbien mit da(r)- treten auch als Vorsignal für einen dass-Satz auf:
Ich warte **darauf,** dass du endlich kommst.

6.4   Das Possessivpronomen

☀ Die Possessiv-Formen **mein, dein, sein** etc. dienen dazu, auf den ‚Besitzer' einer Sache zu verweisen. Im Deutschen unterscheidet man Possessivartikel und Possessivpronomen.

Formen des Possessivartikels

☀ Der Possessivartikel richtet sich nach Person bzw. Genus des ‚Besitzers', die Endung kongruiert mit dem ‚Besitz'.

	Maskulinum	**Neutrum**	**Femininum**	**Plural**
1. Pers. Sing.	mein Text	mein Buch	meine Tasse	meine Fragen
2. Pers. Sing.	dein Text	dein Buch	deine Tasse	deine Fragen
3. Pers. Sing. m.	sein Text	sein Buch	seine Tasse	seine Fragen
n.	sein Text	sein Buch	seine Tasse	seine Fragen
f.	ihr Text	ihr Buch	ihre Tasse	ihre Fragen
1. Pers. Pl.	unser Text	unser Buch	unsere Tasse	unsere Fragen
2. Pers. Pl.	euer Text	euer Buch	eure Tasse	eure Fragen
3. Pers. Pl.	ihr Text	ihr Buch	ihre Tasse	ihre Fragen
	Ihr Text	Ihr Buch	Ihre Tasse	Ihre Fragen

☀ Die Endungen des Possessivartikels kongruieren in Genus, Numerus und Kasus mit dem dazugehörigen Substantiv.

	Maskulinum	Neutrum	Femininum	Plural	
Nom.	mein Text	mein Buch	meine Tasse	meine Fragen	
Akk.	meinen Text	mein Buch	meine Tasse	meine Fragen	
Dat.	meinem Text	meinem Buch	meiner Tasse	meinen Fragen	
Gen.	meines Textes	meines Buches	meiner Tasse	meiner Fragen	

Gebrauch des Possessivartikels

☀ Als Possessivartikel treten **mein, dein, sein** etc. immer in Verbindung mit einem Substantiv auf. Im Unterschied zu den Possessivpronomen können sie nicht alleine stehen:
Er liebt **seine** Tochter.
Ich liebe **meinen** Mann.

Formen des Possessivpronomens

☀ Die Form der Pronomen wird durch den ,Besitzer' bestimmt. Die Endungen entsprechen den Kasus-Signalen.

	Maskulinum	Neutrum	Femininum	Plural	
Nom.	meiner	mein(e)s	meine	meine	
Akk.	meinen	mein(e)s	meine	meine	
Dat.	meinem	meinem	meiner	meinen	
Gen.	–	–	–	–	

Gebrauch des Possessivpronomens

Die Possessiv-Formen **mein, dein, sein** etc. treten als Possessivpronomen selbstständig auf, sie ersetzen ein Substantiv:
Können Sie mir Ihr Auto leihen? **Meins** ist kaputt.
Hier ist mein Platz und da drüben ist **deiner**.

A1 **6.5 Das Demonstrativpronomen**

ⓘ Es gibt verschiedene Formen von Demonstrativpronomen. Am häufigsten ist die Verwendung von der/das/die. Daneben existieren weitere Formen wie dieser, jener etc.

Formen
• Das Demonstrativpronomen der/das/die:
Die Formen des Demonstrativpronomens sind identisch mit denen des bestimmten Artikels, mit Ausnahme des Dativ-Plurals und des Genitivs:

	Maskulinum	Neutrum	Femininum	Plural
Nom.	der	das	die	die
Akk.	den	das	die	die
Dat.	dem	dem	der	denen
Gen.	dessen	dessen	derer	derer

A2 (Dat.) **B1** (Gen.)

A2 • Weitere Demonstrativpronomen:

dieser, **B2** jener, **B2** solcher, **B1** derjenige, **B1** derselbe

	Maskulinum	Neutrum	Femininum	Plural
Nom.	dieser	dieses	diese	diese
Akk.	diesen	dieses	diese	diese
Dat.	diesem	diesem	dieser	diesen
Gen.	dieses	dieses	dieser	dieser

A2 (Dat.) **B1** (Gen.)

Nach dem Muster von dieser werden auch jener und solcher dekliniert.

	Maskulinum	Neutrum	Femininum	Plural	
Nom.	derjenige	dasjenige	diejenige	diejenigen	
Akk.	denjenigen	dasjenige	diejenige	diejenigen	
Dat.	demjenigen	demjenigen	derjenigen	denjenigen	
Gen.	desjenigen	desjenigen	derjenigen	derjenigen	

Derselbe folgt der Deklination von derjenige. Die Kasus-Signale treten an den ersten Teil der Form, die Endungen (-e und -en) entsprechen der schwachen Adjektivdeklination (▷ **3.2**).

Gebrauch

➡ Das Pronomen der/das/die wird vor allem in der gesprochenen Sprache verwendet. Es steht meist, wenn:

* das Akkusativ-/Dativ-Pronomen der 3. Person im Vorfeld steht (besonders statt es):
  Kennst du den Mann da? – Ja, **den** kenne ich./Ja, ich kenne ihn.
  Wo bist du gewesen? – **Das** sage ich nicht. (nicht: Es sage ich nicht.)
* das Pronomen ein Attribut bei sich hat:
  Welche ist deine Mutter? – **Die** mit dem blauen Hut!
* dem Pronomen ein Relativsatz angeschlossen ist:
  Ich möchte **die** sehen, die diese Aufgabe lösen kann.
* sowie allgemein zur Hervorhebung und Fokussierung:
  Glaub dem Mann nicht! Glaub **dem** nicht!

⚡ Das Pronomen das steht auch häufig bei Prädikationen und ist nicht mit dem Verb kongruent:
Das ist mein Koffer.
Das sind meine Bücher.

☀ Die oben genannten Formen können sowohl als Artikel, d. h. mit nachfolgendem Substantiv, als auch als Pronomen, d. h. selbstständig, verwendet werden. Die Formen bleiben gleich:

Artikel	Pronomen
Welchen Tee möchten Sie?	
Diesen Tee möchte ich.	**Diesen** möchte ich.
Welcher Tee schmeckt Ihnen?	
Dieser Tee schmeckt mir.	**Dieser** schmeckt mir.

 ### 6.6 Das Relativpronomen

ⓘ Relativpronomen dienen dazu, einen Relativsatz einzuleiten, mit dem ein Substantiv näher bestimmt wird. Der Relativsatz ist Attribut zu diesem Substantiv.

Formen

☀ Die Form des Relativpronomens wird von zwei Seiten bestimmt: Das Genus und der Numerus des Relativpronomens sind abhängig von dem Substantiv, zu dem es gehört, der Kasus richtet sich nach dem Verb im Relativsatz: **Die Kinder, die** hier immer **spielen** ...

➕ Die Formen des Relativpronomens der/das/die entsprechen denen des Demonstrativpronomens (▶ **6.5**), mit Ausnahme des Genitivs Femininum und Plural.

	Maskulinum	Neutrum	Femininum	Plural
Nom.	der	das	die	die
Akk.	den	das	die	die
Dat.	dem	dem	der	denen
Gen.	dessen	dessen	derer, deren	derer, deren

Das Relativpronomen **welcher/welches/welche** wird sel- **B2**
tener verwendet. Es hat keinen Genitiv:

	Maskulinum	**Neutrum**	**Femininum**	**Plural**
Nom.	welcher	welches	welche	welche
Akk.	welchen	welches	welche	welche
Dat.	welchem	welchem	welcher	welchen

Gebrauch

❶ Das Relativpronomen im Genitiv, **dessen** und **deren/
derer**, kann zwei Funktionen erfüllen:
● Es drückt eine possessive Beziehung aus. Der Genitiv
steht im Relativsatz als Attribut:
Die Kleine, **deren** Mutter arbeitet, kommt oft zu mir.
● Es steht, wenn das Verb im Relativsatz ein Genitiv- **B2**
objekt fordert:
Seine Großmutter, **derer** wir oft gedenken, ist im
Herbst gestorben.

⚡ Das Relativpronomen verbindet sich mit einer Präposi- **B1**
tion, wenn das Verb im Relativsatz ein Präpositionalobjekt fordert:
Die Kinder, **mit denen** wir immer spielen, sind krank.

⚠ Durch die Verwendung von **welcher** kann man das
Aufeinandertreffen von zwei **der** etc. vermeiden:
Der Wagen, **der der** Frau gehört, ist rot. → Der Wagen,
welcher der Frau gehört, ist rot.

Die Relativadverbien **wo, wohin, woher** stehen: **B1**
● nach Städte- und Ländernamen:
Sie zog nach Hamburg, **wo** auch ihre Schwester
wohnte.

Sie ist in Dresden geboren, **woher** auch ihr Vater stammt.
- nach anderen Ortsbezeichnungen:
  Das Restaurant, **wo** wir uns treffen wollen, ist nicht weit von hier.

☀ Das allgemeine Relativpronomen was vertritt den Nominativ und den Akkusativ. Der Dativ und der Genitiv sind ungebräuchlich. Fordert das Verb im Relativsatz eine Präposition, dann tritt das Relativpronomen in der Form wo(r) + Präposition auf (▷ **6.3**):
Er hat die Prüfung bestanden, **was** uns alle sehr freut. (Nom.)
Er hat die Prüfung bestanden, **was** er sofort allen erzählt hat. (Akk.)
Er hat die Prüfung bestanden, **wozu** ihm alle gratulierten.

❶ Das Relativpronomen was tritt auch auf nach das und den neutralen Indefinitpronomen etwas, alles, nichts, manches, vieles, weniges:
Das, **was** Sie da sagen, gefällt mir nicht.
Das ist **alles**, **was** ich tun kann.

A1 6.7 **Das Indefinitpronomen**

❶ Mit den Indefinitpronomen können Personen oder Sachen auf ganz allgemeine, unbestimmte Art bezeichnet werden.
☀ Die Indefinitpronomen umfassen eine große Gruppe von Pronomen, die sich recht unterschiedlich verhalten. Alle Indefinitpronomen können allein stehen. In diesem Fall sind sie echte Pronomen. Manche können auch zusammen mit einem Substantiv, also wie ein Artikel, vorkommen.

Zu den Indefinitpronomen, die vor allem allein stehen, gehören:

einer, **B2** irgendeiner, **B2** irgendwer, **A2** man, jemand, **A2** irgendjemand, **B2** jedermann, keiner, niemand, etwas (was), **B1** irgendetwas, nichts, alles, viel, wenig

Formen

Das Indefinitpronomen einer:

	Maskulinum	Neutrum	Femininum	Plural
Nom.	einer	ein(e)s	eine	(welche)
Akk.	einen	ein(e)s	eine	(welche)
Dat.	einem	einem	einer	(welchen)

Einer und irgendeiner haben keine Genitivformen und keine Pluralformen. Im Plural tritt ersatzweise (irgend-) welche ein.

Die Indefinitpronomen man, jemand und niemand: **A2**

Nom.	man	jemand	niemand
Akk.	einen	jemanden	niemanden
Dat.	einem	jemandem	niemandem

⚡ Das Pronomen man existiert nur im Nominativ Singular. Das Genus wird nicht unterschieden und für Akkusativ und Dativ tritt ersatzweise die Form des Pronomens einer ein.

Gebrauch

❶ Indefinitpronomen werden für unbestimmte, nicht näher identifizierte Personen, Dinge oder Mengen verwendet.

- ☀ Durch vorangestelltes irgend- können die Pronomen einer, jemand, etwas noch stärker Unbestimmtheit ausdrücken, genauso wie die Form irgendwer:
  A2 **Irgendjemand** hat mir erzählt, dass sie krank ist.
  Kauf einfach **B1** **irgendwas**!
  B2 **Irgendwer** muss das machen.

B1
- Einige der angeführten Pronomen können sich mit substantivierten Adjektiven im Neutrum verbinden:
  Ich habe **etwas** Schönes gehört.
  Wir vermuten **nichts** Gutes.
  Alles Gute zum Geburtstag!

- Die Pronomen viel, wenig und alles sind in dieser Form unveränderlich:
  Wir haben **viel/wenig/alles** **B2** erfahren.
  ⚡ Werden viel/wenig/alles flektiert, dann gehören sie der zweiten Gruppe von Pronomen an, die auch als Artikel, d. h. mit nachfolgendem Substantiv, auftreten können:

alle, viele, **A2** ander-, **A2** ein bisschen, **A2** andere,
A2 jeder, **B1** die meisten, kein, **B1** verschiedene,
B1 mancher, **B1** ein paar, **B1** mehrere, **B2** ein einziger,
B2 etliche, **B2** wenige, **B2** ein jeder, **B2** irgendein,
B2 ein gewisser, **B2** manch einer, **B2** beide, **B2** einige

B1 Die Pluralformen von alle, manche, einige haben nur im Dativ zusätzlich die Endung -n:
Allen/Manchen/Einigen wird geholfen werden.

6.8   Das Interrogativpronomen

A1

ⓘ Interrogativpronomen sind **wer?**, **was?** etc. sowie die spezifischeren Formen **was für ein?** und **welcher?**.

Formen und Gebrauch

☀ Das Interrogativpronomen **wer?**, **was?** etc. dient dazu, nach einzelnen Satzgliedern zu fragen. Dabei werden Personen und Sachen unterschieden.

	Personen	Sachen
Nom.	wer? Wer hat das gesagt?	was? Was ist passiert?
Akk.	wen? Wen hast du gesehen?	was? Was hat er gebracht?
Dat.	wem? Wem habt ihr das erzählt?	–
Gen.	wessen? Wessen erinnerst du dich?	wessen? Wessen Auto ist das?

Die Interrogativpronomen stehen im Allgemeinen im Vorfeld vor dem konjugierten Verb.

☀ Wenn das Interrogativpronomen mit einer Präposition **B1** verbunden wird, dann wird bei der Frage nach Personen die Präposition mit dem Interrogativpronomen kombiniert (**an wen?**, **über wen?**). Bei der Frage nach Sachen verwendet man das Pronominaladverb **wo(r)** + Präposition (▷ **6.3**):
Auf wen wartest du? (– auf den Chef)/**Worauf** wartest du? (– auf den Zug)

➡ In der Umgangssprache unterscheidet man allerdings nicht immer zwischen Person und Sache. Man sagt also auch: **Auf was** wartest du? **An was** denkst du?

☼ Die Fragewörter **was für ein?** und **welcher?** können sowohl selbstständig als echte Pronomen vorkommen, als auch – als Artikel – zusammen mit einem Substantiv:

Artikel: **Was für ein** Mensch ist er?
                Welchen Zug nehmen Sie?
Pronomen: **Was für einer** ist er?
                Welchen nehmen Sie?

Beim Fragepronomen was für ein? wird nur der letzte Teil, also ein, dekliniert.

In der Verwendung als Pronomen wird ein dekliniert wie das Pronomen einer. Im Plural wird ersatzweise die Form welche verwendet:

	Maskulinum	**Neutrum**	**Femininum**	**Plural**
Nom.	was für ein**er**	was für ein**(e)s**	was für ein**e**	was für **welche**
Akk.	was für ein**en**	was für ein**(e)s**	was für ein**e**	was für **welche**
Dat.	was für ein**em**	was für ein**em**	was für ein**er**	was für **welchen**
Gen.	was für ein**es**	was für ein**es**	was für ein**er**	was für **welcher**

  Mit dem Fragepronomen **was für ein?** wird nach den Eigenschaften einer Person oder Sache gefragt. In der Antwort steht der unbestimmte Artikel:
Was für ein Fahrrad hast du? – Ein teures Rennrad mit 20 Gängen.

Wird was für ein? als Artikel, also mit einem Substantiv verwendet, dann wird ein flektiert wie der unbestimmte Artikel ein (▶ **1.2**).

☀️ Das Fragepronomen **welcher?** wird als Pronomen und als Artikel gleich dekliniert, und zwar enthält es die Kasus-Signale wie z. B. der bestimmte Artikel (▶ **1.1**).

Mit dem Fragepronomen **welcher?** wird nach einer bestimmten Person oder Sache aus einer Art oder Gruppe gefragt. In der Antwort steht der bestimmte Artikel: **Welches** Fahrrad ist deins? – Das da drüben.

6.9   Das Reflexivpronomen

Formen
ℹ️ Das Reflexivpronomen hat nur die Formen Akkusativ und Dativ: In der 1. und 2. Person entspricht es dem Personalpronomen. Nur in der 3. Person gibt es eine eigene Form (sich):

	Singular			Plural		
	1. Pers.	2. Pers.	3. Pers.	1. Pers.	2. Pers.	3. Pers.
Akk.	mich	dich	sich	uns	euch	sich
Dat.	mir	dir	sich	uns	euch	sich

Gebrauch
Das Reflexivpronomen kann sein:
- obligatorisch, als fester Bestandteil des Verbs (sich freuen, sich schämen, sich erholen etc.) ⌐! Bei jedem neuen Verb sollte man immer mitlernen, wenn es reflexiv ist!
- fakultativ, als Ergänzung zum Verb: sich waschen, sich rasieren, sich schminken, sich verstecken.

Auf einen Blick 🔍

Das Pronomen

Pronomen vertreten Substantive im Satz.

Das Personalpronomen
Das Personalpronomen gibt es im Singular und im Plural in drei Personen und sie werden dekliniert:
- 1. Person: ich/wir
- 2. Person: du/ihr
- 3. Person er, sie, es/sie

Nur im Singular unterscheidet man die 3. Person nach dem Genus (er, sie, es).

ℹ️ Die Höflichkeitsformen (Sie, Ihnen, Ihrer) werden wie die 3. Person Plural gebildet, aber großgeschrieben.

Das Possessivpronomen
Die Possessivformen verweisen auf den Besitzer. Auch beim Possessivpronomen werden drei Personen unterschieden:
- 1. Person: mein/unser
- 2. Person: dein/euer
- 3. Person: sein, ihr/ihr

Die Endungen entsprechen den Kasus-Signalen. Steht eine Possessivform als Artikel vor einem Substantiv, erhält sie die Endungen des unbestimmten Artikels.

Das Demonstrativpronomen
Die meist verwendete Form ist der/das/die. Weitere Formen sind dieser, jener, solcher, derjenige und derselbe. Sie können sowohl als Artikel als auch als Pronomen verwendet werden.

Das Relativpronomen

G Relativpronomen leiten einen Relativsatz ein, mit dem ein Substantiv näher bestimmt wird:
Das ist der Kollege, **der** mir immer geholfen hat.

💡 Das Genus und der Numerus des Relativpronomens richten sich nach dem Substantiv, auf das sie sich beziehen, der Kasus richtet sich nach dem Verb im Relativsatz.

Die meist verwendete Form ist **der/das/die**. Weitere Formen sind **welcher, wo, wohin, woher** und **was**.

Eine Präposition kann vor dem Pronomen stehen, wenn sie vom Verb im Relativsatz gefordert wird:
Die Großmutter, **an die** wir oft denken, besuchen wir Sonntag. (denken **an**)

Das Indefinitpronomen

Einige Indefinitpronomen stehen immer allein:
z. B. man, jemand, niemand, nichts, alles, viel, wenig.
Ich habe **niemanden** auf der Straße gesehen.
Andere können zusammen mit einem Substantiv stehen:
z. B. alle, viele, ein paar, wenige, beide, andere, einige.
Nur **wenige** Mitarbeiter haben sich freiwillig gemeldet.

Das Reflexivpronomen

Die Formen entsprechen in der 1. und 2. Form den Personalpronomen. Die Form in der 3. Person lautet sich.
Reflexivpronomen können fester Bestandteil von Verben sein oder sie können fakultativ ein Verb ergänzen:
Er schämt **sich** für seine schlechten Noten. (fest)
Sie schminkt **sich**. (fakultativ)

7 Das Verb

„Ich kann noch nicht denken!"

81

(A1) Das Verb

ⓘ Verben dienen vor allem dazu, Handlungen, Vorgänge und Zustände zu bezeichnen.

☀ Der Infinitiv (▷ ⑪) aller Verben endet auf -en, manchmal auch auf -n: sag**en**, sprech**en**, handel**n**.
Der Teil ohne Endung wird auch Stamm genannt: sag-, sprech-, handel-.

Verben können – je nach Funktion der Endung – vorliegen als
- infinites Verb: Das heißt, das Verb besitzt keine Personalendung und ist unselbstständig. Infinit sind:
Infinitiv (Präsens und Perfekt): lieben, geliebt haben und Partizip I und II (▷ ⑫): liebend, geliebt.
- finites Verb: Dieses hat Personalendungen und dient als Prädikat eines Satzes.

Verben lassen sich von ihrer Funktion her unterscheiden in:
- Hilfsverben (haben, sein, werden): Sie dienen dazu, Verbformen zu bilden (▷ 7.2).
- Modalverben (wie können, dürfen): Sie bezeichnen die Modalität eines Geschehens (▷ 7.3).
- Vollverben (wie sehen, rufen, lieben): Sie bilden selbstständig das Prädikat.

(A1) 7.1 Die Konjugationen

Das Verb wird konjugiert nach:
- Person: 1., 2., 3. Person
- Numerus: Singular, Plural
- Tempus: Präsens, Präteritum, Perfekt, Plusquamperfekt, Futur I, Futur II
- Modus: Indikativ, Konjunktiv, Imperativ
- Genus: Aktiv, Passiv

☀ Die Person und der Numerus werden in den Personalendungen ausgedrückt. Das Tempus wird entweder
durch Suffixe oder durch Hilfsverben ausgedrückt. Der
Modus wird durch Suffixe ausgedrückt und das Passiv
immer durch Hilfsverben. Hinzu kommen unter bestimmten Bedingungen Veränderungen des Stammvokals.

☀ Einfache Verbformen sind Präsens, Präteritum, Konjunktiv I, Konjunktiv II und Imperativ. Alle anderen Formen
sind zusammengesetzt aus einem Hilfsverb und einer
infiniten Form des Vollverbs (Infinitiv oder Partizip).

⚠ Zu lernen sind also bei jedem Verb nur die einfachen
Formen, alle anderen lassen sich ableiten.

7.1.1 Die Personalendungen

Es gibt zwei Serien von Personalendungen.

	Serie A Präsens	
ich	such-**e**	geb-**e**
du	such-**st**	gib-**st**
er/es/sie	such-**t**	gib-**t**
wir	such-**en**	geb-**en**
ihr	such-**t**	geb-**t**
sie/Sie	such-**en**	geb-**en**

Die Endungsserie A tritt nur im Präsens Indikativ auf. Dies
gilt nicht für die Verben sein und wissen sowie die Modalverben. Bei ihnen wie in allen anderen Fällen tritt die
Endungsserie B auf:

	Serie B Präsens	Präteritum		Konjunktiv II	Konjunktiv I
ich	kann-Ø	gab-Ø	such-te-Ø	wär-e-Ø	könn-e-Ø
du	kann-**st**	gab-**st**	such-te-**st**	wär-e-**st**	könn-e-**st**
er/es/sie	kann-Ø	gab-Ø	such-te-Ø	wär-e-Ø	könn-e-Ø
wir	könn-**en**	gab-**en**	such-te-**en**	wär-e-**en**	könn-e-**en**
ihr	könn-**t**	gab-**t**	such-te-**t**	wär-e-**t**	könn-e-**t**
sie/Sie	könn-**en**	gab-**en**	such-te-**en**	wär-e-**en**	könn-e-**en**

⚡ Gleiche Laute verschmelzen zu einem:
wir such-te-**en** ➞ wir suchten, du lies-**st** ➞ du liest.

⚡ Besonderheiten bei der Verbkonjugation:
- ☀️ Bei manchen Verben erfolgt in der 2. und 3. Person Singular Präsens ein Wechsel des Stammvokals von -e zu -i (ich spr**e**che, du spr**i**chst, er spr**i**cht) oder Umlaut -a zu -ä (ich tr**a**ge, du tr**ä**gst, er tr**ä**gt).
- Wenn der Verbstamm auf -d/-t endet und bei einigen Doppelkonsonanten mit -m oder -n, wird vor konsonantischen Personalendungen ein -e- eingeschoben: er red-**e**-t, du wart-**e**-st, du atm-**e**-st, sie rechn-**e**-t.
- ⚡ Bei Verben, deren Stamm auf -el oder -er endet, wird dieses -e- in der 1. Person Singular oft ausgelassen: lächeln ➞ ich lächle, zaubern ➞ ich zaubre.

A1 7.1.2 **Schwache, starke und gemischte Verben**

☀️ Nach der Konjugation unterscheidet man schwache, starke und gemischte Verben. Die schwachen Verben sind regelmäßige Verben, die starken und gemischten Verben sind unregelmäßige Verben.

ⓘ Entscheidend für die Unterscheidung der schwachen, starken und anderen Verben sind ihre Formen im Präsens, Präteritum und im Partizip II.

Die schwachen Verben haben in allen Formen denselben Stammvokal, im Präteritum das Suffix -te- und im Partizip II die Endung -t:

Infinitiv	Präteritum	Partizip II
suchen	suchte	gesucht

Die starken Verben verändern in manchen Formen den Stammvokal (= Ablaut). Im Präteritum haben sie kein zusätzliches Suffix und im Partizip II die Endung -en:

Infinitiv	Präteritum	Partizip II
sprechen	sprach	gesprochen

Die starken Verben teilt man nach dem Wechsel des Stammvokals in drei Ablautgruppen:
• 3 Stammvokale (1 – 2 – 3):
  sprechen – sprach – gesprochen
• 2 Stammvokale (1 – 2 – 2):
  schreiben – schrieb – geschrieben
           (Vokal Präteritum = Partizip II)
• 2 Stammvokale (1 – 2 – 1):
  lesen – las – gelesen
           (Vokal Präsens = Partizip II)

Die gemischten Verben haben zwar wie die starken Verben verschiedene Stammvokale, aber wie die schwachen Verben das Suffix -te- im Präteritum und -t im Partizip II: nennen – nannte – genannt.

7.2 Das Hilfsverb

Formen

❶ Zur Bildung verschiedener Tempora und des Passivs dienen die drei Hilfsverben haben, sein und werden:

	Präsens	Präteritum	Konjunktiv I	Konjunktiv II
ich	habe	hatte	habe	hätte
du	hast	hattest	habest	hättest
er/es/sie	hat	hatte	habe	hätte
wir	haben	hatten	haben	hätten
ihr	habt	hattet	habet	hättet
sie/Sie	haben	hatten	haben	hätten

Inf. Präsens: haben   Inf. Perfekt: gehabt haben
Partizip I: habend   Partizip II: gehabt

	Präsens	Präteritum	Konjunktiv I	Konjunktiv II
ich	bin	war	sei	wäre
du	bist	warst	sei(e)st	wär(e)st
er/es/sie	ist	war	sei	wäre
wir	sind	waren	seien	wären
ihr	seid	wart	sei(e)t	wär(e)t
sie/Sie	sind	waren	seien	wären

Inf. Präsens: sein   Inf. Perfekt: gewesen sein
Partizip I: seiend   Partizip II: gewesen

	Präsens	Präteritum	Konjunktiv I	Konjunktiv II
ich	werde	wurde	werde	würde
du	wirst	wurdest	werdest	würdest
er/es/sie	wird	wurde	werde	würde
wir	werden	wurden	werden	würden
ihr	werdet	wurdet	werdet	würdet
sie/Sie	werden	wurden	werden	würden

Inf. Präsens: werden   Inf. Perfekt: geworden sein
Partizip I: werdend   Partizip II: geworden

Gebrauch

Die Hilfsverben dienen vor allem zur Bildung verschiedener Verbformen:

- haben + Partizip II zur Bildung des Perfekts:
  ich habe geliebt
- sein + Partizip II zur Bildung des Perfekts:
  ich bin gelaufen
- werden + Infinitiv zur Bildung des Futurs:
  er wird kommen
- werden + Partizip II zur Bildung des (Vorgangs-)
  Passivs: sie wird geliebt
- sein + Partizip II zur Bildung des Zustandspassivs:
  es ist geschlossen

Die Verben **sein**, **werden** und auch **bleiben** können als Teil des Prädikats (als sogenannte „Kopulaverben") auftreten. Dann verbinden sie sich mit einem Prädikativ:
- mit einem Adjektiv: **Wir sind glücklich. Sie** A2 **wird krank. Sie bleiben hart.**

- mit einem Substantiv: Er ist Lehrer. Sie wird Beamtin.
- mit einem Adverb: Sie ist hier. Wir bleiben da.
- Alle Hilfsverben können auch als Vollverben verwendet werden: Ich habe eine Wohnung (haben = besitzen).

 ### 7.3 Das Modalverb

Formen
Die Modalität (Art und Weise) eines Geschehens wird durch die Modalverben ausgedrückt. Ihre Formen im Präsens:

	wollen	sollen	müssen	können	dürfen	mögen	möchten
ich	will	soll	muss	kann	darf	mag	möchte
du	willst	sollst	musst	kannst	darfst	magst	möchtest
er/es/sie	will	soll	muss	kann	darf	mag	möchte
wir	wollen	sollen	müssen	können	dürfen	mögen	möchten
ihr	wollt	sollt	müsst	könnt	dürft	mögt	möchtet
sie/Sie	wollen	sollen	müssen	können	dürfen	mögen	möchten

- Die Modalverben haben auch im Präsens die Personalendungen der Serie B (▷ **7.1.1**).
- Die Modalverben (außer **sollen** und **möchten**) ändern ihren Stammvokal zwischen Singular und Plural.

Gebrauch
☼ Modalverben verbinden sich im Allgemeinen mit einem Vollverb im reinen Infinitiv (▷ ⑪):
Ich kann **schwimmen**.

B1 Im Perfekt erscheint das Modalverb im Infinitiv:
Ich **habe** schwimmen **können**.

Modalverben können auch selbstständig (d. h. ohne Infinitiv) verwendet werden:
Ich **kann** das. Sie **will** das.
In diesem Fall wird das Perfekt mit dem Partizip II gebildet: **B1**
Ich **habe** das **gekonnt**. Sie **hat** das **gewollt**.

⚡ Die Negation des Modalverbs müssen ist nicht brauchen (mit Infinitiv und zu!): **B2**
Ich **muss** heimgehen. → Ich **brauche nicht** heim**zu**gehen.
Sie **muss** heute einkaufen. → Sie **braucht** heute **nicht** ein**zu**kaufen.

Die Modalverben können auch verwendet werden, um **B2**
eine Vermutung auszudrücken:

Er **muss** krank sein. (sicherlich)
Sie **müsste** jetzt fast vierzig sein. (wahrscheinlich)
Die Kinder **dürften** schon schlafen. (vermutlich)

☀ Wenn Modalverben mit dem Passiv kombiniert werden, **B2**
dann wird das Passiv nur beim Vollverb ausgedrückt. Das
Modalverb steht als finites Verb an zweiter Stelle:
Der Künstler **sollte** als Erster bedient werden.

7.4 Trennbare und nicht-trennbare Verben   **A1**

❶ Die Verbpräfixe lassen sich in drei große Gruppen einteilen.
• Verben mit betonten Präfixen sind *trennbar*. Dazu gehören:

ab-, aus-, los-, vor-, da-, hin-, her-, an-, bei-, mit-, weg-,
daran-, auf-, ein-, nach-, zu-, darauf-, hinauf-, herauf-

Verben mit diesen betonten Präfixen bilden eine Verbklammer (▷ **16.2**) in allen einfachen Tempusformen (jedoch nicht im Nebensatz). Im Partizip II tritt -ge- zwischen Präfix und Partizip (**ange**sprochen):
Er **spricht** die Leute **an.**
Er **sprach** die Leute **an.**

* Verben mit unbetonten Präfixen sind *untrennbar*.

be-, ent-, er-, ge-, ver-, zer-, miss-

Verben mit diesen Präfixen werden nie getrennt. Im Partizip II erscheint kein -ge-:
Wir **bearbeiten** die Aufgabe.
Wir haben die Aufgabe **bearbeitet.**

* Einige Präfixe bilden – je nach Betonung – entweder untrennbare oder trennbare Verben. Betont sind die Präfixe trennbar, unbetont sind sie untrennbar. Dazu gehören:

durch-, hinter-, über-, unter-, um-

Betont und trennbar:	Unbetont und untrennbar:
Der Redakteur **schreibt** den Text **um.**	Der Lehrer **umschreibt** ein Wort.
Er **fährt** den Baum **um.**	Er **umfährt** den Baum.
Sie **stellt** das Fahrrad **unter.**	Sie **unterstellt** ihm Betrug.
Ich **kleide** mich **um.**	Ich **umarme** dich.

Auf einen Blick 🔍

Das Verb

G Verben bezeichnen Handlungen, Vorgänge und Zustände. Man unterscheidet zwischen infiniten und finiten Verben.

Infinite Verben besitzen keine Personalendung:
• Infinitiv: lieben, sagen, handeln
• Partizip I und II: handelnd, gehandelt
Finite Verben besitzen Personalendungen.

Die Konjugation
Das Verb wird konjugiert nach:
• Person: 1., 2., 3. Person
• Numerus: Singular, Plural
• Tempus: Präsens, Präteritum, Perfekt, Plusquamperfekt, Futur I, Futur II
• Modus: Indikativ, Konjunktiv, Imperativ
• Genus: Aktiv, Passiv

ⓘ Es gibt verschiedene Konjugationstypen. Entscheidend sind die Formen der Verben im Präsens, Präteritum und Partizip II:
• Schwache Verben verändern ihren Stammvokal nicht, das Präteritum hat das Suffix -te- und das Partizip II die Endung -t: **kau**fen, **kaufte**, ge**kauft**.
• Starke Verben verändern ihren Stammvokal, das Präteritum hat kein Suffix und das Partizip II die Endung -en: schw**i**mmen, schw**a**mm, geschw**o**mm**en**.
• Gemischte Verben verändern ihren Stammvokal, werden sonst aber wie die schwachen Verben gebildet: denken, d**a**chte, ged**a**cht.

Das Hilfsverb

Im Deutschen gibt es drei Hilfsverben: haben, sein und werden. Zusammen mit einem Vollverb bilden sie verschiedene Tempora und das Passiv.

- Perfekt: sein und haben + Partizip II: er **hat** gelesen, sie **ist** gekommen
- Futur: werden + Infinitiv: er **wird** bleiben
- Vorgangspassiv: werden + Partizip II: es **wird** gebaut
- Zustandspassiv: sein + Partizip II: es **ist** geöffnet

Das Modalverb

Zu den Modalverben gehören folgende Verben: wollen, sollen, müssen, können, dürfen, mögen, möchten.

☼ Sie stehen im Allgemeinen zusammen mit einem Infinitiv: Ich **muss** noch einen Brief **schreiben**.

Die Modalverben haben unterschiedliche Bedeutungen:
- Erlaubnis: Hier **darf** man parken.
- Verbot: Hier darf man **nicht rauchen**.
- Notwendigkeit: Du **musst** für die Prüfung lernen.
- Möglichkeit/Fähigkeit: Das Kind **kann** schon laufen.
- Wunsch: Ich **will/möchte** morgen ausschlafen.

Trennbare und nicht-trennbare Verben

☼ Einige Verben haben ein Präfix. Betonte Präfixe können vom Verb getrennt werden, unbetonte Präfixe nicht.

Beispiele für trennbare Präfixe: ab-, an, mit-, ein-, zu-: Der Zug **fährt** in fünf Minuten **ab**.
Beispiele für nicht-trennbare Präfixe: er-, ver-, be-: Ich **erinnere** mich nicht an den Unfall.

8 Der Indikativ

„Er hört immer
die neueste Musik."

Der Indikativ

A1

ⓘ Der Indikativ ist der Modus der Wirklichkeit und der Tatsachen, die in der Gegenwart (Präsens), der Vergangenheit (Perfekt, Präteritum, Plusquamperfekt) und der Zukunft (Futur I und II) beschrieben werden.

A1 8.1 **Das Präsens**

Formen

| | Schwache Verben | | | |
	lieben	**antworten**	**reisen**	**klingeln**
ich	liebe	antworte	reise	klingle
du	liebst	antwortest	reist	klingelst
er/es/sie	liebt	antwortet	reist	klingelt
wir	lieben	antworten	reisen	klingeln
ihr	liebt	antwortet	reist	klingelt
sie/Sie	lieben	antworten	reisen	klingeln

| | Starke Verben | | | |
	sehen	**schlafen**	**nehmen**	**wissen**
ich	sehe	schlafe	nehme	weiß
du	siehst	schläfst	nimmst	weißt
er/es/sie	sieht	schläft	nimmt	weiß
wir	sehen	schlafen	nehmen	wissen
ihr	seht	schlaft	nehmt	wisst
sie/Sie	sehen	schlafen	nehmen	wissen

⚡ Starke Verben ändern ihren Stammvokal in der 2. und 3. Person Singular.

Gebrauch

Das Präsens beschreibt Handlungen und Ereignisse in der Gegenwart:
Sei bitte ruhig, ich **telefoniere** gerade.

Zusammen mit einer Zeitangabe beschreibt das Präsens auch Zukünftiges:
Ich **fahre** nächste Woche in Urlaub.

8.2 Die Vergangenheit

8.2.1 Das Perfekt

Formen

☀ Die meisten Verben bilden ihr Perfekt mit dem Hilfsverb haben und dem Partizip II. ⚡ Einige Verben brauchen jedoch das Hilfsverb sein und das Partizip II (▷ 12.2).

Verb mit haben:

	schwaches Verb	starkes Verb
ich	habe geliebt	habe gerufen
du	hast geliebt	hast gerufen
er/es/sie	hat geliebt	hat gerufen
wir	haben geliebt	haben gerufen
ihr	habt geliebt	habt gerufen
sie/Sie	haben geliebt	haben gerufen

Verb mit sein:

	schwaches Verb	starkes Verb
ich	bin gereist	bin gefahren
du	bist gereist	bist gefahren
er/es/sie	ist gereist	ist gefahren
wir	sind gereist	sind gefahren
ihr	seid gereist	seid gefahren
sie/Sie	sind gereist	sind gefahren

Gebrauch

Das Perfekt mit haben bilden insbesondere folgende
Verben:
- alle transitiven Verben:
  Ich **habe** das Buch **gelesen**.
- alle reflexiven Verben:
  Er **hat** sich **gefreut**.
- einige intransitive Verben:
  Die Blume **hat geblüht**.

Mit sein bilden die intransitiven Verben ihr Perfekt, die
- eine Fortbewegung oder gerichtete Bewegung bezeichnen:
  Ich **bin gelaufen**.
- eine Veränderung bezeichnen (z. B. den Beginn oder
  das Ende einer Handlung):
  Er **ist** eingeschlafen.
- sowie die Verben sein und bleiben:
  Ich **bin** gestern dort **gewesen**.
  Sie **ist** noch etwas länger **geblieben**.

💡 Mit dem Perfekt drückt man Vergangenes aus. Es wird hauptsächlich in der gesprochenen Sprache verwendet: „Ich **bin** am Wochenende nach Berlin **gefahren**. Und du?" – „Ich **habe** eine Radtour **gemacht**."

Das Perfekt ersetzt manchmal das Futur II (▷ **8.3.2**): **B2**
In einem Monat **hat** er den Führerschein **geschafft**.

8.2.2 Das Präteritum **B1**

Formen

💡 Das Tempus-Signal für das Präteritum ist das Suffix -te- bei den schwachen Verben und die Stammvokalveränderung bei den starken Verben.

	schwaches Verb		starkes Verb	gemischtes Verb
	lieben	antworten	rufen	denken
ich	lieb**te**	antwort**ete**	rief	dach**te**
du	lieb**test**	antwort**etest**	rief**st**	dach**test**
er/es/sie	lieb**te**	antwort**ete**	rief	dach**te**
wir	lieb**ten**	antwort**eten**	rief**en**	dach**ten**
ihr	lieb**tet**	antwort**etet**	rief**t**	dach**tet**
sie/Sie	lieb**ten**	antwort**eten**	rief**en**	dach**ten**

Gebrauch

Mit dem Präteritum werden Handlungen in der Vergangenheit beschrieben. ☛ Man verwendet es hauptsächlich in der geschriebenen Sprache, z. B. in Erzählungen, Berichten, Artikeln etc.:
Vorsichtig **ging** er die Treppe hinauf, **öffnete** die Tür und dann **sah** er es.

⚡ Die Verben haben und sein sowie die Modalverben und der Ausdruck es gibt werden auch in der gesprochenen Sprache im Präteritum verwendet:
Warst du am Wochenende auf dem Konzert? – Nein, ich **hatte** Kopfschmerzen. Außerdem **gab es** keine Karten mehr.

B1 8.2.3 **Das Plusquamperfekt**

Formen

☀ Das Plusquamperfekt wird mit den Hilfsverben haben und sein im Präteritum und dem Partizip II gebildet.
Verb mit haben:

hatte/hattest/hatte/ hatten/hattet/hatten	geliebt/gerufen

Verb mit sein:

war/warst/war/ waren/wart/waren	gereist/gefahren

Gebrauch

☀ Das Plusquamperfekt wird verwendet, um in der Vergangenheit Vorzeitigkeit auszudrücken, d. h. die Handlung, die einer anderen zeitlich vorangegangen ist, steht im Plusquamperfekt, die spätere Handlung im Perfekt oder Präteritum:
Nachdem er das Studium **beendet hatte,** machte er eine Weltreise.

8.3 Das Futur B1

8.3.1 Das Futur I B1

Formen

☀ Das Hilfsverb **werden** im Präsens bildet zusammen mit dem Infinitiv eines Vollverbs das Futur I.

	schwaches Verb	starkes Verb
ich	werde lieben	werde rufen
du	wirst lieben	wirst rufen
er/es/sie	wird lieben	wird rufen
wir	werden lieben	werden rufen
ihr	werdet lieben	werdet rufen
sie/Sie	werden lieben	werden rufen

Gebrauch

☀ Das Futur I wird verwendet, um Vorgänge oder Handlungen zu beschreiben, die in der Zukunft liegen:
Sie **wird** bald nach Australien **gehen.**

❶ Allerdings wird im heutigen Deutsch meist die Form des Präsens verwendet, um etwas Zukünftiges zu bezeichnen:
Im Sommer **fahren** wir nach Italien.

⚡ Die Verbindung von **werden** mit Infinitiv drückt meist noch eine zusätzliche Bedeutung aus:
• Vermutung:
  Sie **wird** nicht mehr **kommen.**
• nachdrückliche Aufforderung:
  Das **wirst** du nicht noch einmal **tun**!

8.3.2 Das Futur II

Formen

☀ Das Futur II wird mit dem Hilfsverb werden im Präsens und dem Partizip II mit haben oder sein gebildet. Die Hilfsverben haben und sein stehen im Infinitiv hinter dem Partizip Perfekt.

	schwaches Verb	starkes Verb
ich	werde geliebt haben	werde gerufen haben
du	wirst geliebt haben	wirst gerufen haben
er/es/sie	wird geliebt haben	wird gerufen haben
wir	werden geliebt haben	werden gerufen haben
ihr	werdet geliebt haben	werdet gerufen haben
sie/Sie	werden geliebt haben	werden gerufen haben

Gebrauch

Das Futur II drückt aus, dass eine Handlung in der Zukunft abgeschlossen ist:
Nächstes Jahr **wird** er sein eigenes Geschäft **eröffnet haben**.

Ebenso wie das Futur I kann auch das Futur II für Vermutungen und nachdrückliche Aufforderungen verwendet werden:
Er **wird** jetzt wohl in Berlin **angekommen sein**.
Sie **werden** den Bericht bis morgen fertig **geschrieben haben**.

Auf einen Blick 🔍

Der Indikativ

Der Indikativ ist der Modus der Wirklichkeit und der Tatsachen.

Das Präsens

Die Personalendungen im Singular lauten: -e, -st, -t und im Plural: -en, -t, -en. ⚡ Bei manchen Verben ändert sich der Stammvokal in der 2. und 3. Person Singular von -e zu -i (ich **g**e**b**e, du **g**i**b**st, er **g**i**b**t) oder von -a zu -ä (ich **fa**hre, du **fä**hrst, er **fä**hrt).

Das Präsens beschreibt:
- Gegenwärtiges: Er **arbeitet** noch bis 17 Uhr.
- Allgemeine Tatsachen: Deutschland **liegt** in Europa.
- Zukünftiges: Wir **heiraten** nächstes Jahr.

Das Perfekt

G Das Perfekt wird mit den Hilfsverben haben und sein und dem Partizip II gebildet:
Wir **haben** uns sehr **gefreut**.
Karl **ist** heute früh von der Arbeit **gekommen**.
Die meisten Verben, darunter alle Reflexiv- und Modalverben, bilden das Perfekt mit haben.

☀ Das Hilfsverb sein wird verwendet bei Verben der Ortsveränderung (z. B. fahren, kommen), bei Zustandsveränderungen (z. B. einschlafen, werden) und bei sein und bleiben.

Das Perfekt ist das Tempus für die Vergangenheit in der gesprochenen Sprache.

Das Präteritum

G Die schwachen Verben haben im Präteritum das Suffix -te- (er liebt, er lieb**te**) und die starken Verben verändern ihren Stammvokal (er ruft, er r**ie**f).

Das Präteritum ist das Tempus für die Vergangenheit in der geschriebenen Sprache:
Die Außenminister **trafen** sich letzten Freitag in Den Haag, aber sie **kamen** zu keinem Ergebnis.

⚡ Die Verben haben, sein, alle Modalverben und der Ausdruck es gibt werden auch in der mündlichen Sprache im Präteritum verwendet.

Das Plusquamperfekt

G Das Plusquamperfekt wird mit dem Präteritum der Hilfsverben haben und sein und dem Partizip II gebildet:
Ich **hatte** vorher lange **gearbeitet.**
Er **war** vorher zum Reisebüro **gegangen.**
Das Plusquamperfekt drückt aus, dass eine Handlung einer anderen Handlung zeitlich vorangegangen ist.

Das Futur

Man unterscheidet Futur I (er **wird kommen**) und Futur II (er **wird gekommen sein**).
Das Futur I drückt Zukünftiges oder eine Vermutung aus:
Ich **werde** die Stelle **annehmen.**
Der Mantel **wird** sicher teuer **sein.**
Das Futur II drückt aus, dass eine Handlung in der Zukunft abgeschlossen wird:
Sie **wird** die Stelle sicher **bekommen haben.**

9 Der Konjunktiv

„Sie glaubt,
sie könne fliegen ..."

B1 Der Konjunktiv

ℹ In der deutschen Sprache werden zwei Konjunktive unterschieden: der Konjunktiv II und der Konjunktiv I.
☀ Gebräuchlich ist vor allem der Konjunktiv II.

Der Konjunktiv I ist von der Präsensform des Verbs abgeleitet, der Konjunktiv II von der Präteritumform des Verbs.
⚡ Allerdings drücken die beiden Konjunktivformen keine unterschiedlichen Zeitstufen aus!
Beide liegen im Präsens und in der Vergangenheit vor:

	Konjunktiv II	Konjunktiv I
Präsens	er riefe/er ginge	er rufe/er gehe
Vergangenheit	er hätte gerufen/ er wäre gegangen	er habe gerufen/ er sei gegangen

B1 9.1 Der Konjunktiv II

Formen

	synthetisch	würde-Form
ich	riefe	würde rufen
du	riefest	würdest rufen
er/es/sie	riefe	würde rufen
wir	riefen	würden rufen
ihr	riefet	würdet rufen
sie/Sie	riefen	würden rufen

☀ Das Modus-Signal für den Konjunktiv ist das Suffix -e- und bei starken Verben – wenn möglich – der Umlaut.

❶ Der Konjunktiv II liegt einmal als „synthetische" (einfache) Verbform vor und einmal als Form, die mit der Konjunktiv II-Form von werden (würde) zusammengesetzt ist.

❶ Die synthetischen und die würde-Formen sind heute in ihrer Bedeutung und Funktion völlig gleich.

☀ Die synthetischen Konjunktiv II-Formen sind nur noch gebräuchlich bei:
• den Hilfsverben sein, haben und werden
• den Modalverben
• den häufig verwendeten starken Verben: käme, wüsste, ginge, ließe, bräuchte, nähme, gäbe, sähe, läge.
In allen anderen Fällen und von allen regelmäßigen Verben nimmt man die würde-Form.

☀ In der Vergangenheit wird beim Konjunktiv II die synthetische Form gewählt. Sie wird aus der synthetischen Konjunktiv II-Form von haben und sein und dem Partizip II gebildet: ich hätte gerufen/ich wäre gegangen.

Gebrauch
Der Konjunktiv II tritt in folgenden Verwendungen auf:
• indirekte Rede (▷ ⓲)

• Wunschsätze:
  Kämest du doch endlich!
  Würde es jetzt nur endlich einmal **regnen**!
  Wenn es doch jetzt endlich **regnen würde**!
☀ In diesen Fällen steht entweder das finite Verb im Konjunktiv am Satzanfang oder die Sätze werden von wenn eingeleitet.

• Konditionalsätze zum Ausdruck der Irrealität (Unwirklichkeit):

Wenn sie ihn **geheiratet hätte, wäre** sie wohl nicht berühmt **geworden.**
Wenn sie **wollte, könnte** sie immer noch zu ihm zurückkehren.
Wenn er sie jetzt **fragen würde, würde** sie „Ja" **sagen.**

- Irreale Vergleiche:
  Sie sah so aus, **als ob** sie glücklich **wäre.**
  Sie verhielt sich, **als hätte** sie Probleme/**als ob** sie Probleme **hätte.**

☀ Irreale Vergleiche werden mit als ob oder als eingeleitet. Nach als ob folgt ein Nebensatz, d. h. das konjugierte Verb steht am Ende. Nach als folgt ein Hauptsatz und das Verb steht direkt hinter als.

B2 Bei den irrealen Vergleichen kann manchmal auch der Konjunktiv I vorkommen:
Sie sah so aus, **als wäre** sie glücklich/**als sei** sie glücklich.

- Besonders höfliche Äußerungen:
  Hätten Sie einen Moment Zeit?

B2 - In vorsichtigen oder zurückhaltenden Aussagen:
  Das **wäre** ja recht praktisch.

B2 ## 9.2   Der Konjunktiv I

Formen

☀ Das Konjunktiv-Signal ist wie beim Konjunktiv II das eingeschobene Suffix -e-. Außer beim Verb sein lässt sich die Konjunktiv I-Form nur in der 2./3. Person Singular und in der 2. Person Plural von der Indikativform unterscheiden (du gehest, er gehe, ihr gehet).

	Konjunktiv I		Konjunktiv II
ich	rufe	→	riefe/würde rufen
du	rufest		(riefest/würdest rufen)
er/es/sie	rufe		(riefe/würde rufen)
wir	rufen	→	riefen/würden rufen
ihr	rufet		(riefet/würdet rufen)
sie/Sie	rufen	→	riefen/würden rufen

☀ Lässt sich der Konjunktiv I nicht von der Präsens-Form unterscheiden, verwendet man den Konjunktiv II.

Gebrauch

Der Konjunktiv I wird neben der indirekten Rede (▶ ⑱) nur noch in einigen meist formelhaften Zusammenhängen verwendet.

* Religiöse Sprache:
  Friede **sei** mit dir!
* Wünsche:
  Er **lebe** hoch!
* Aufforderungen (z.B. Kochrezepte oder Arzneirezepte):
  Man **nehme** 100 g Zucker, 200 g Mehl ...
* Mathematik:
  Gegeben **sei** eine Strecke zwischen zwei Punkten A und B.

Auf einen Blick 🔍

Der Konjunktiv

Man unterscheidet den Konjunktiv I und Konjunktiv II.
Der Konjunktiv I wird jedoch selten gebraucht.

G Der Konjunktiv wird mit dem Suffix -e- gebildet. Der
Konjunktiv I leitet sich aus der Präsensform ab (er geht,
er **gehe**), der Konjunktiv II aus der Präteritumform
(er geht, er **ginge**).

⚡ Die beiden Konjunktivformen drücken keine unterschiedlichen Zeitstufen aus.
Wenn sich Konjunktivformen auf die Zukunft beziehen,
so wird üblicherweise die Präsensform verwendet. Eine
Futurform gibt es nur für den Konjunktiv I: **Er werde
gehen.**

Der Konjunktiv II

❶ Für den Konjunktiv II gibt es zwei Formen. Die einfache
oder „synthetische" Form leitet sich vom Präteritum ab.
Die zweite Form wird mit würde und dem Infinitiv gebildet: Ich **würde gehen.**
Da die schwachen Verben formgleich mit dem Präteritum
sind, verwendet man für diese Verben meist die würde-
Form.
🔆 Die synthetische Form wird verwendet bei:
• den Hilfsverben sein, haben und werden
• den Modalverben
• den häufig verwendeten starken Verben, z. B. käme,
  ginge, ließe, bräuchte, nähme, gäbe, sähe und läge

Verben mit dem Stammvokalen a, o und u erhalten einen Umlaut.

Der Konjunktiv II in der Vergangenheit wird mit der synthetischen Form von haben und sein und dem Partizip II gebildet: er **hätte gewartet**, ich **wäre geflogen**.

Der Konjunktiv II wird verwendet:
- bei Wunschsätzen: Ich **wäre** gern Millionär.
- zum Ausdruck der Irrealität: Wenn er sie **gefragt hätte, hätte** sie ihm keine Antwort **geben können**.
- bei irrealen Vergleichen: Ihr Gesicht war so freundlich, als **würde** sie den ganzen Tag **lächeln**.
- bei besonders höflichen Äußerungen: **Dürfte** ich Sie wohl kurz mal stören?

Der Konjunktiv I
❶ Beim Konjunktiv I unterscheiden sich außer beim Verb sein nur die 2./3. Person Singular und 2. Person Plural von den Präsensformen: du sagest, er sage, ihr saget. Deshalb wird für alle anderen Formen meist der Konjunktiv II verwendet.
Die Vergangenheitsform wird aus dem Konjunktiv I von haben und sein und dem Partizip II gebildet: er habe gerufen, sie sei gekommen.

Der Konjunktiv I wird verwendet:
- bei der indirekten Rede: Er sagt, er **komme** nach der Arbeit.
  ⚡ Wenn der Konjunktiv I formgleich mit dem Präsens ist, verwendet man Konjunktiv II.
- in einigen formelhaften Zusammenhängen, z. B.: Man **nehme** die Tropfen 3 x täglich.

10 Der Imperativ

„Wasch dich doch
bitte endlich mal!"

111

(A1) Der Imperativ

Formen

	gehen	warten	nehmen
Sie-Form	Gehen Sie!	Warten Sie!	Nehmen Sie!
Du-Form	Geh!	Warte!	Nimm!
Ihr-Form	Geht!	Wartet!	Nehmt!

🔆 Die Sie-Form ändert sich nur dadurch, dass das Verb an die erste Position tritt. Bei der Du- und der Ihr-Form wird das Personalpronomen weggelassen, bei der Du-Form außerdem die Personalendung -st: du gehst → Geh!

Die unregelmäßigen Formen des Imperativs:

	fahren	sein
Sie-Form	Fahren Sie!	Seien Sie (ruhig)!
Du-Form	Fahr!	Sei (ruhig)!
Ihr-Form	Fahrt!	Seid (ruhig)!

⚡ Bei unregelmäßigen Verben wird der Umlaut in der 2. Person Singular weggelassen: du fährst → Fahr!

Gebrauch

❶ Der Imperativ wird für Aufforderungen, Ratschläge und Empfehlungen, Bitten und Vorschläge verwendet:
Mach die Heizung und das Licht **aus**! (Aufforderung)
Geh doch zum Arzt. (Ratschlag/Empfehlung)
Bleiben Sie bitte noch ein bisschen! (Bitte)

(B1) ❶ Imperativisch gebrauchte Verbformen:
Einsteigen! Rauchen **verboten**!

Auf einen Blick 🔍

Der Imperativ

Form

Der du-Imperativ lautet wie die 2. Person Singular, aber ohne Personalpronomen und Endung: du gehst – **Geh**!
Der ihr-Imperativ lautet wie die 2. Person Plural, aber ohne Pronomen: ihr geht – **Geht**!
Bei der Sie-Form steht zuerst das Verb, dann das Pronomen: Sie gehen – **Gehen Sie**!
❶ Neben dem eigentlichen Imperativ können folgende Verbformen imperativisch gebraucht werden:
- der Infinitiv: Einsteigen! Bitte alle aussteigen!
- das Partizip II: Still gestanden! Rauchen verboten!
- 2. Person Singular/Plural: Du gehst voran! Ihr nehmt bitte den Koffer!
- 1. Person Plural: Lasst uns gehen! Wollen wir mal schauen!

Gebrauch

Der Imperativ wird für Aufforderungen, Ratschläge und Empfehlungen, Bitten und Vorschläge verwendet:
Mach die Tür zu!
Nimm doch ein heißes Bad.
Probieren Sie es bitte einmal aus.

11 Der Infinitiv

„Nein, ich bin nicht hier, um mich zu amüsieren!"

(B1) Der Infinitiv

☀ Der Infinitiv ist die Grundform des Verbs und in Person und Numerus unveränderlich: kaufen, gehen, lachen.
❶ Der Infinitiv kann entweder als reiner Infinitiv verwendet werden oder zusammen mit der Infinitivpartikel zu.

(A1) **11.1 Der reine Infinitiv**

Der reine Infinitiv steht:
• nach den Modalverben:

Ich **kann schwimmen.**
Wir **dürfen spielen.**

(B1) ⚡ Im Perfekt und Plusquamperfekt steht bei diesen Sätzen ebenfalls der Infinitiv:
Ich habe **schwimmen können.**

• Nach den Verben lassen, bleiben, lehren, lernen, helfen:

Wir **lassen** unsere Wohnung **putzen.**
Plötzlich **blieb** er **stehen.**
Die Lehrerin **lehrt** die Kinder **schreiben** und **lesen.**
Die Kinder **lernen schreiben** und **lesen.**
Wir **helfen** dir **aufräumen.**

⚡ Im Perfekt und im Plusquamperfekt des Verbs lassen tritt nur der Infinitiv auf:
Wir **haben** unsere Wohnung **putzen lassen.**

• nach bestimmten Verben der Wahrnehmung:

Ich **höre** sie **singen.**
Ich **sehe** sie **tanzen.**

ℹ Diese Konstruktionen nennt man auch Akkusativ mit Infinitiv (AcI). Es handelt sich eigentlich um zwei Sätze, die hier verbunden werden:

Ich höre sie. (sie = Objekt) Sie singt. (sie = Subjekt)
→ Ich höre sie **singen**.

Im Perfekt und Plusquamperfekt tritt bei diesen Konstruktionen der Infinitiv auf (manchmal auch das Partizip II):

Ich habe sie **singen hören** (auch: gehört).

• nach einigen einfachen Fortbewegungsverben, vor   **A2**
  allem nach dem Verb gehen:

Gehst du **schwimmen**? – Nein, ich **fahre einkaufen**.
– Dann **gehe** ich eben alleine **spazieren**.

• Bei den Verben helfen, lehren, lernen kann auch die   **B1**
  Infinitivpartikel zu stehen, wenn der Infinitiv von Ergänzungen begleitet ist:

Wir helfen euch, die Formulare **auszufüllen**.
Wir lehren euch, sparsam mit Energie **umzugehen**.
Wir lernen, die Sonnenenergie **zu nutzen**.

11.2   Der Infinitiv mit *zu*   **B1**

Der Infinitiv mit zu steht in allen anderen Fällen, insbesondere bei:
• Verben oder Ausdrücken, die eine Absicht oder Meinung zum Ausdruck bringen:

Ich habe die Absicht, morgen nach München **zu fahren**.
Ich hoffe, dort etwas Erholung **zu finden**.

- Verben, die Phasen einer Handlung (Anfang, Ende oder Verlauf) ausdrücken:

Ich fange an, müde **zu werden.**
Er hört nicht auf **zu reden.**

- den modalverb-ähnlichen Verben scheinen und (nicht) brauchen:

Sie scheint **zu schlafen.**
Sie brauchen **nicht zu warten.**

B2

- den Hilfsverben haben und sein:
  - haben und Infinitiv mit zu drückt eine modal-aktivische Bedeutung aus:
    Sie hat das ganze Wochenende **zu arbeiten.**
    (= sie muss arbeiten)
  - sein und Infinitiv mit zu drückt eine passivische und modale Bedeutung aus:
    Sie ist wirklich **zu bedauern.**
    (= sie muss bedauert werden)

- der Infinitiv mit zu steht auch nach den Konjunktionen um (zu), ohne (zu), anstatt (zu):
  Die meisten Leute arbeiten, **um zu leben.**
  Manche Leute leben, **ohne zu arbeiten.**
  Und einige Leute arbeiten, **anstatt zu leben.**

- der Infinitiv mit zu kann auch anstelle eines dass-Satzes auftreten, vor allem dann, wenn das Subjekt des Hauptsatzes mit dem Subjekt des dass-Satzes iden-tisch ist:
  Ich freue mich, dass ich Sie wiedersehe. → Ich freue mich, Sie **wiederzusehen.**

Auf einen Blick 🔍

Der Infinitiv

G Der Infinitiv ist die Grundform und unveränderlich. Die Endung ist -en: sehen, machen und bei manchen Verben -n: handeln, sammeln.

i Der Infinitiv wird als reiner Infinitiv oder als Infinitiv mit zu verwendet: Wir müssen heute **arbeiten.** Es ist schön, in der Sonne **zu liegen.**

Der reine Infinitiv steht z. B.:
• nach Modalverben: Sie **wollen essen.**
• nach bestimmten Verben der Wahrnehmung: Sie **hören** uns **rufen.**
• nach den Verben lassen, bleiben, lehren, lernen: Er **lässt** sich die Haare **schneiden.**

G Beim Infinitiv mit zu steht zu vor dem Infinitiv: **zu** kaufen. Bei Verben mit trennbarem Präfix steht zu zwischen Präfix und Verbstamm: ein**zu**kaufen.

Der Infinitiv mit zu steht z. B.:
• nach Verben der Absicht und Meinung: Ich habe vor, morgen ins Theater **zu gehen.**
• nach Verben, die Anfang oder Ende einer Handlung ausdrücken: Ich beginne mir Sorgen **zu machen.**
• nach den Verben scheinen und (nicht) brauchen: Du **brauchst** nicht **zu warten.**
• nach den Konjunktionen um (zu), ohne (zu), anstatt (zu): Er nimmt es sich, **ohne zu fragen.**
• anstelle eines dass-Satzes (bei identischen Subjekten): Er befürchtet, **dass** er in Konkurs **geht.** – Er befürchtet, in Konkurs **zu gehen.**

12 Das Partizip

„Ich glaube, mein Fahrrad ist geschrumpft."

(A2) Das Partizip

❶ Im Deutschen gibt es zwei Formen des Partizips:
- Partizip I (auch: Partizip Präsens)
- Partizip II (auch: Partizip Perfekt)

(B1) 12.1 Das Partizip I

Formen

❶ Das Partizip I wird gebildet, indem an den Verbstamm -end angehängt wird: sing**end**, les**end**, trink**end**.

⚡ Es hat immer aktivische Bedeutung.

Gebrauch

Das Partizip I kann folgendermaßen verwendet werden:

attributiv: die **singenden** Vögel
adverbial: er ging **lachend** davon

💡 Beim attributiven Gebrauch des Partizip I wird es wie ein Adjektiv dekliniert (▷ **3.4**).
Wie Adjektive können auch die Partizipien I substantiviert werden: lesend → der/die Lesende.

(B2) 💡 In der Verbindung mit **zu** bekommt das Partizip I passivische Bedeutung und drückt zusätzlich eine bestimmte Modalität (meist Notwendigkeit) aus:

ein **zu befürchtender** Nachteil (= ein Nachteil, der befürchtet werden muss)
eine **zu erledigende** Arbeit (= eine Arbeit, die erledigt werden muss)

12.2 Das Partizip II

Formen

Das Partizip II wird durch folgende Veränderungen gebildet:
Das Element ge- wird vor den Verbstamm gesetzt:
ge-macht. Bei den schwachen (regelmäßigen) Verben wird
die Endung -t an den Verbstamm gehängt: gemach-**t**.

⚡ Verben auf -**ieren** und Verben mit unbetonten, nicht
trennbaren Präfixen haben kein -**ge** vor dem Verbstamm:
studiert, telefoniert, erklärt.
Bei den Verben mit betonten, trennbaren Präfixen steht
das Element -**ge**- zwischen Präfix und Verbstamm:
auf-**ge**-wach**t**, ein-**ge**-kauf**t**.
⚡ Verben, die auf -d/-t oder Doppelkonsonanten mit -m/-n
enden, erhalten die Endung -et: gered**et**, gerechn**et**.

Starke Verben erhalten die Endung -**en**. Zusätzlich verändern sie den Verbstamm: **losgegangen** (▶ **7.1.2**).
◖ Aber: Verben mit dem Ablautmuster 1 – 2 – 1 zeigen im
Partizip keine Veränderung des Verbstammes, tragen
aber trotzdem die Endung -**en**:
lesen – gelesen (aber: las!), rufen – gerufen (rief!)

Gebrauch

Das Partizip II wird in Kombination mit bestimmten Hilfsverben als Verb zur Bildung der zusammengesetzten
Zeiten gebraucht:

Perfekt/Plusquamperfekt:	Wir haben/hatten **gelesen**.
	Sie sind/waren **gekommen**.
Passiv:	Sie wurden **geliebt**.

☀ Das Partizip II kann auch adjektivisch, meist attributiv, verwendet werden. Es wird dann dekliniert wie ein Adjektiv (▶ 3.4). ⚡ In dieser Verwendung hat das Partizip II meistens passivische Bedeutung. Es kann aber von bestimmten Verben auch aktivisch sein.

• Das passivische Partizip II wird von transitiven Verben (Verben, die ein Akkusativobjekt bei sich haben) gebildet:

der geschriebene Text (= der Text, der geschrieben wurde)
die Geretteten (= die Menschen, die gerettet wurden)

• Das attributive Partizip II hat dann aktivische Bedeutung, wenn es von bestimmten intransitiven Verben gebildet ist (Verben, die ihr Perfekt mit sein bilden, vor allem Bewegungsverben und auch reflexive Verben):

der eingefahrene Zug (= der Zug, der eingefahren ist)
die angekommenen Gäste (= die Gäste, die angekommen sind)
die verliebte Braut (= die Braut, die verliebt ist)

⚡ Aktivische Partizipien II haben – im Unterschied zu Partizipien I – Vergangenheitsbedeutung:

der einfahrende Zug (= der Zug, der gerade einfährt)
der eingefahrene Zug (= der Zug, der eingefahren ist)
die ankommenden Gäste (= die Gäste, die gerade ankommen)
die angekommenen Gäste (= die Gäste, die angekommen sind)

Auf einen Blick 🔍

Das Partizip

Im Deutschen unterscheidet man das Partizip I und das Partizip II.

Das Partizip I

Ⓖ Das Partizip I wird aus dem Verbstamm und der Endung -end gebildet: schlafend, laufend, weinend.

☼ Das Partizip I kann attributiv oder adverbial verwendet werden. Attributiv wird es wie ein Adjektiv dekliniert:
Er tröstete das **weinende** Kind. (attributiv)
Sie saß **rauchend** am Tisch. (adverbial)

Das Partizip II

Ⓖ Das Partizip II wird gebildet, indem man vor den Verbstamm die Vorsilbe ge- setzt. Schwache Verben haben die Endung -t (kaufen – **gekauft**), starke Verben die Endung -en. Außerdem verändert sich der Verbstamm (nehmen – **genommen**).

⚡ Bei Verben auf -ieren und Verben mit nicht trennbaren Präfixen fehlt die Vorsilbe ge-: telefonieren – **telefoniert**, bedauern – **bedauert**.

Das Partizip II wird zusammen mit den Hilfsverben haben, sein und werden zur Bildung des Perfekts, des Plusquamperfekts, des Futur II und des Passivs gebraucht.
Das Partizip II kann auch attributiv verwendet werden:
das **gelesene** Buch (= das Buch, das gelesen wurde)

13 Das Passiv

„Sie wird
gleich gebissen."

Das Passiv

B2

ⓘ Das Passiv wird verwendet, wenn der Handelnde nicht genannt werden kann oder soll.

Man unterscheidet Vorgangs- und Zustandspassiv. Das häufigere Passiv ist das Vorgangspassiv, das mit werden und dem Partizip II gebildet wird. Das Zustandspassiv wird mit sein und dem Partizip II gebildet.

Formen

Das Vorgangspassiv im Indikativ:

Präsens: er/es/sie wird geliebt/gerufen
Präteritum: er/es/sie wurde geliebt/gerufen
Perfekt: er/es/sie ist geliebt/gerufen worden
Plusquamperfekt: er/es/sie war geliebt/gerufen worden
Futur I: er/es/sie wird geliebt/gerufen werden
Futur II: er/es/sie wird geliebt/gerufen worden sein

Das Vorgangspassiv im Konjunktiv:

Konjunktiv I: er/es/sie werde geliebt/gerufen
Konjunktiv II: er/es/sie würde geliebt/gerufen
Vergangenheit Konj. I: er/es/sie sei geliebt/gerufen worden
Vergangenheit Konj. II: er/es/sie wäre geliebt/gerufen worden
Futur Konjunktiv I: er/es/sie werde geliebt/gerufen werden
Futur Konjunktiv II: er/es/sie würde geliebt/gerufen werden

Infinitiv Präsens: geliebt/gerufen werden
Infinitiv Perfekt: geliebt/gerufen worden sein
Modalpartizip: zu liebend/zu rufend
Partizip II: geliebt/gerufen
Imperativ: werde (werdet, werden Sie) geliebt!

Das Zustandspassiv:

Infinitiv Präsens: verzaubert sein
Infinitiv Perfekt: verzaubert gewesen sein
Partizip II: verzaubert (gewesen)
Imperativ: sei (seid, seien Sie) verzaubert!

☀ Am gebräuchlichsten ist das Zustandspassiv im Präsens und im Präteritum.

Gebrauch
❶ Das Vorgangspassiv beschreibt eine bestimmte Aktion oder einen Vorgang:
Die Türen des Museums **werden geschlossen**.
Die Lichter werden **gelöscht**.

⇒ Das Vorgangspassiv ist in der schriftlichen Sprache gebräuchlicher als in der mündlichen. Es wird häufig in wissenschaftlichen Texten, Zeitungsartikeln, Beschreibungen von Arbeitsvorgängen, Regeln und Vorschriften verwendet, da es in diesen Texten meist nicht darauf ankommt, wer die Handlung ausgeführt hat.

Wenn man den Handelnden dennoch erwähnen möchte, wird er mit der Präposition von + Dativ genannt:
Die Türen des Museums werden **vom Wächter** geschlossen.

Das Zustandspassiv beschreibt einen Zustand, der das Resultat eines Vorgangs ist:
Die Türen des Museums **sind geschlossen**.
Die Lichter **sind gelöscht**.

Auf einen Blick 🔍

Das Passiv

G Beim Passiv wird der Handelnde nicht genannt. Er ist nicht bekannt, soll oder kann nicht benannt werden oder er ist selbstverständlich.

Formen

Man unterscheidet das Vorgangs- und das Zustandspassiv. Das Vorgangspassiv wird mit **werden** und dem Partizip II gebildet, das Zustandspassiv mit **sein** und dem Partizip II. Das Vorgangspassiv kann in allen Tempi und Modi gebildet werden.

⚡ Das Partizip II von **werden** lautet im Perfekt, Plusquamperfekt und Futur II sowie im Konjunktiv II der Vergangenheit **worden**: Er ist gefasst worden.

Das Zustandspassiv ist im Präsens und Präteritum am gebräuchlichsten:

Die Bäckerei **ist** bis 18 Uhr **geöffnet**.

Die Arztpraxis **war** gestern nicht **geöffnet**.

Gebrauch

Das Vorgangspassiv wird verwendet, wenn ein bestimmter Vorgang oder eine Aktion beschrieben wird:

Das Auto **wurde** am Morgen **abgeschleppt**.

Seine Frau **wird** gerade **benachrichtigt**.

☛ Das Vorgangspassiv ist in der schriftlichen Sprache gebräuchlicher als in der mündlichen.

Das Zustandspassiv wird verwendet, wenn das Resultat einer vorausgegangenen Handlung beschrieben wird:

Der Strom **ist** wieder **eingeschaltet**.

14 Die Konjunktion

„Wenn ich heute aufstehen soll, will ich erst mal Frühstück ans Bett."

(A1) Die Konjunktion

(A1) 14.1 Die nebenordnende Konjunktion

☀ Nebenordnende (koordinierende) Konjunktionen verbinden Wörter, Wortgruppen, Hauptsätze oder gleichartige Nebensätze miteinander:
Ich will Musik hören, **aber** plötzlich klingelt das Telefon.

❶ Nebenordnende Konjunktionen besetzen keine Position im Satz. Nach der Konjunktion steht demnach das Vorfeld und dann das finite Verb. Im Vorfeld steht meist das Subjekt oder eine Kontextinformation, wie z.B. die Zeitangabe (▷ **16.1**):
Er geht nach Hause, **aber** sie **bleibt** noch ein wenig.
Er kommt nach Hause **und** um 18 Uhr **macht** er das Abendessen.

Die Konjunktionen haben unterschiedliche Bedeutungen:

koordinativ	und, auch, ⓑ² nicht nur ... sondern auch, ⓑ² sowohl ... als auch
disjunktiv	oder, ⓑ² entweder ... oder
kausal	denn
adversativ	aber, ⓑ¹ doch, ⓑ² sondern
konzessiv	ⓑ² zwar ... aber

(A2) 14.2 Die subordinierende Konjunktion

☀ Diese Konjunktionen nennt man heute meist Subjunktionen. Sie leiten Nebensätze ein und bewirken, dass das finite Verb am Ende des Satzes steht:
Die Wege sind schlecht, **weil** es den ganzen Tag **geregnet hat**.

Bedeutungen der subordinierenden Konjunktionen:

temporal	wenn, **B1** als, **B1** während, **B1** bis, **B1** seit, **B1** seitdem, **B1** nachdem, **B1** bevor, **B2** solange, **B2** ehe, **B2** sooft
kausal	weil, da
adversativ	**B2** während, **B2** wogegen
konzessiv	**B1** obwohl, **B2** obgleich, **B2** obschon, **B2** wenngleich, **B2** wenn ... auch
konsekutiv	**B2** sodass, **B2** so ... dass
final	dass, damit, um ... zu
konditional	wenn, falls, **B2** sofern, **B2** vorausgesetzt, dass, **B2** im Falle, dass
modal/instrumental	**B2** wobei, **B2** indem, **B2** dadurch, dass, **B2** wodurch, **B2** womit
vergleichend	wie, als, als ob, **B1** je ... desto/umso
vorwiegend gramm. Funktion	dass, **B1** ob, **B2** wer, **B2** was, **B2** wie ... (indirekter Fragesatz)

ℹ Nebensätze können im Hauptsatz verschiedene syntaktische Funktionen übernehmen:
* Adverbial:
  Ich komme, **weil ich eine wichtige B1 Nachricht für Sie habe.**
* Subjekt oder Objekt:
  Dass Sie zu Hause sind, ist gut.
  Ich muss Ihnen leider sagen, **dass Ihre Mutter einen Unfall hatte.**
  B1 Ich weiß nicht, **ob man sie schon besuchen kann.**

Die Fragewörter wer, was, wann etc. können sogenannte indirekte Fragesätze (▷ 16.3) einleiten:
Ich weiß nicht, **wer** er ist/**was** er will/**wann** er geht.

(A2) **14.3   Die Konjunktionaladverbien**

❶ Eine weitere Gruppe von Wörtern, die ebenfalls die Verbindung zweier Sätze übernehmen können, sind die sogenannten Konjunktionaladverbien. Der Unterschied zu den Konjunktionen ist vor allem syntaktisch. ☼ Bei den Konjunktionaladverbien besetzt das Adverb allein das Vorfeld und danach folgt unmittelbar das finite Verb:
Er geht nach Hause, **später liest** er noch ein Buch.
Er kommt nach Hause, **da klingelt** das Telefon laut.

Bedeutungen der Konjunktionaladverbien:

koordinativ	**B1** außerdem, **B2** zudem, **B2** dazu, **B2** ferner, **B2** schließlich, **B2** weder ... noch
temporal	danach, dann, später, **B1** inzwischen, **B2** unterdessen, **B1** seitdem, **B2** darauf, **B1** vorher, **B1** davor, **B2** zuvor, **B2** kaum
kausal	nämlich
adversativ	**B1** allerdings, **B2** jedoch, **B2** dagegen, **B2** einerseits ... andererseits
konzessiv	**B1** trotzdem, **B2** dennoch
konsekutiv	**B1** also, **B2** daher, **B1** darum, **B1** deshalb, **B1** deswegen, **B2** folglich, **B2** somit
final	**B2** dazu, **B2** dafür
konditional	sonst, **B2** andernfalls
modal/instrumental	damit, **B2** dadurch, **B2** dabei, **B2** so

Auf einen Blick 🔍

Die Konjunktion

G Konjunktionen verbinden Wörter, Satzteile und Sätze miteinander und können nicht verändert werden.

Die nebenordnende Konjunktion

Nebenordnende Konjunktionen verbinden gleichrangige Wörter, Wortgruppen, Neben- oder Hauptsätze miteinander. Sie besetzen keine Position im Satz und haben unterschiedliche Bedeutung:

Wir können ins Theater gehen **oder** du **gehst** alleine zum Fußball.

Sie fährt immer mit dem Zug, **denn** sie **hat** keinen Führerschein.

Er hat **nicht nur** eine neue Frisur, **sondern** er **hat** sich **auch** seinen Bart abrasiert.

Weitere nebenordnende Konjunktionen sind z. B. und, auch, nicht nur … sondern auch, aber und doch.

Die subordinierende Konjunktion

☼ Subordinierende Konjunktionen leiten Nebensätze ein. Das finite Verb steht im Nebensatz immer am Ende:

Er kann nicht kommen, **weil** seine Frau im Krankenhaus **liegt**.

Du kannst bei mir übernachten, **falls** du kein Hotelzimmer mehr **bekommst**.

Sie hat kaum noch Zeit für ihre Hobbys, **seitdem** sie wieder **arbeitet**.

Subordinierende Konjunktionen haben z. B. folgende Bedeutungen:
- temporal: wenn, als, bis, seitdem, nachdem, bevor
- kausal: da, weil
- konzessiv: obwohl, wenngleich, wenn ... auch
- final: dass, damit, um ... zu
- konditional: wenn, falls, sofern, im Falle, dass
- modal/instrumental: wobei, indem und womit

ⓘ Mit Fragewörtern (wer, wann, was etc.) werden indirekte Fragesätze eingeleitet:
Ich möchte wissen, **wer** mir das angetan **hat**.
Können Sie mir sagen, **wo** ich Terminal 4 **finde**?
Wissen Sie, **warum** heute gestreikt **wird**?

Die Konjunktionaladverbien
Konjunktionaladverbien können ebenfalls zwei Sätze miteinander verbinden. Sie unterscheiden sich syntaktisch von den Konjunktionen.

☀ Bei den Konjunktionaladverbien steht das Adverb im Vorfeld. Darauf folgt das finite Verb: Es ist spät, **darum gehe** ich.

Die häufigsten Konjunktionaladverbien sind:
- koordinativ: außerdem, ferner, dazu, schließlich
- temporal: danach, dann, später, inzwischen, vorher
- adversativ: allerdings, jedoch, dagegen
- konzessiv: trotzdem, dennoch
- konsekutiv: also, daher, darum, deshalb, folglich
- final: dazu, dafür
- modal/instrumental: damit, dadurch, dabei und so

15 Der Satz

„Im Sommer
isst sie am liebsten
Melonen."

137

(A1) Der Satz

ⓘ Die einzelnen Teile des Satzes, Wörter und Wortgruppen, lassen sich nach ihrer Funktion im Satz unterscheiden.

(A1) 15.1 Das Prädikat

💡 Das Prädikat besteht aus dem finiten Verb und gegebenenfalls weiteren Verbteilen:

Er **singt** das Lied.
(A2) Er **will** das Lied **singen**.
Er **ist** (B1) musikalisch.
Er **wird Musiker**.

Bei Prädikaten mit den Hilfsverben sein, werden und bleiben nennt man die nicht-verbalen Teile (musikalisch, Musiker) „Prädikativ".

(A1) 15.2 Das Subjekt

💡 Jedes Verb hat ein Subjekt. Es steht im Nominativ und man kann mit „wer?" oder „was?" nach ihm fragen. Das Subjekt wird auch „Nominativergänzung" genannt.

Der Mann hat Tomaten und Käse gekauft.
Er möchte einen Salat machen.

(A1) 15.3 Das Objekt

💡 Die Objekte oder auch Ergänzungen werden vom Verb bestimmt. ⚡ Jedes Verb fordert spezifische Objekte:
• Akkusativobjekt (erfragbar mit „wen?" oder „was?"):

Herr Meier sucht **einen Kollegen**.
Er kann **ihn** nicht finden.

- Dativobjekt (erfragbar mit „wem?"):

Der Assistent hilft dem Regisseur.
Die Sänger können ihm manchmal Tipps geben.

☀ Das Dativobjekt bezeichnet in den meisten Fällen Personen, an die sich eine Handlung richtet oder die von einer Handlung betroffen sind.

- Präpositionalobjekt:
☀ Einige deutsche Verben haben eine feste Präposition, die den Kasus des Substantivs bestimmt:

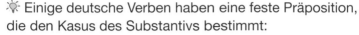

Der Mann wartet auf den Bus/darauf.
(„Worauf?" → Akkusativ)
Wir sprechen über unseren Ausflug/darüber.
(„Worüber?" → Akkusativ)
Der Chef denkt an seine Mitarbeiter/an sie.
(„An wen?" → Akkusativ)
Er lädt sie zu seiner Party/dazu ein. („Wozu?" → Dativ)

☀ Man fragt nach Präpositionalobjekten mit der Präposition und dem Fragewort, d. h. bei der Frage nach Personen („auf wen?", „an wen?", „mit wem?") bzw. bei der Frage nach Sachen mit wo(r)- und der entsprechenden Präposition („worauf?", „worüber?", „woran?").

⚠ Die einzelnen Präpositionen sind mit den Verben fest verbunden und sollten am besten immer mitgelernt werden.

- Genitivobjekt:
☀ Das Genitivobjekt tritt nur noch bei einigen wenigen Verben auf. Es wird in vielen Fällen durch Präpositionalobjekte ersetzt. Die Frage nach dem Genitivobjekt ist „wessen"?

Die Inszenierung bedarf **längerer Erklärungen.**
Der Autor wurde **des Plagiats** verdächtigt.
Er konnte **dessen** aber nicht überführt werden.

B1 **15.4 Das Adverbial**

☼ Ein Adverbial, oder auch adverbiale Angabe, wird nicht vom Verb gebraucht und kann folglich jedem Satz frei hinzugefügt werden. ⓘ Adverbiale informieren über die genaueren räumlichen, zeitlichen, kausalen, modalen und andere Umstände:

Sie singt **schön.** (Adjektiv als Adverbial, modale Bestimmung)
Sie singt **hier.** (Adverb als Adverbial, lokale Bestimmung)
Sie singt **in der Badewanne.** (präpositionale Gruppe als Adverbial, lokal)
Sie singt, **weil sie glücklich ist.** (Nebensatz als Adverbial, kausal)

B1 **15.5 Das Attribut**

Das wichtigste Satzgliedteil neben dem Prädikativ ist das Attribut. ☼ Ein Attribut ist eine nähere Bestimmung, vor allem zu Substantiven.
Von der Stellung her lassen sich Linksattribute und Rechtsattribute unterscheiden:
• Linksattribute stehen *vor* dem Substantiv:
  Adjektiv/Partizip, Erweiterungen des Adjektivs/Partizips, vorangestellter Genitiv (mit -s).
• Rechtsattribute stehen *nach* dem Substantiv:
  Genitiv, Präpositionalgruppe, Relativsatz und Kombinationen davon.

Artikel	(Links-)Attribut	Substantiv	(Rechts-)Attribut
das	kleine	Haus	
das	an der Straße gelegene	Haus	
	Lisas	Haus	
das		Haus	auf dem Lande
das		Haus	der Großeltern
das		Haus	das sie bauten

15.6 Die Valenz der Verben

ℹ Die meisten Satzglieder, alle Objekte und auch das Subjekt, sind vom jeweiligen Verb abhängig. Man bezeichnet sie auch als Ergänzungen des Verbs. Die Art und Zahl der Ergänzungen, die ein bestimmtes Verb jeweils fordert, nennt man die Valenz eines Verbs. Die wichtigsten Valenzmuster zeigt der folgende Überblick:

Es gibt Verben,
- die nur ein Subjekt haben können:
  Sie lacht.
- die ein Subjekt und ein Akkusativobjekt haben können:
  Sie liest den Brief.
- die ein Subjekt und ein Dativobjekt haben können:
  Sie dankt ihm.
- die ein Subjekt, ein Akkusativobjekt und ein Dativobjekt haben können:
  Sie gibt ihrem Freund den Brief.
- die ein Subjekt und ein Präpositionalobjekt haben können:
  Sie wartet auf ihn.
- die ein Subjekt, ein Akkusativobjekt und ein Präpositionalobjekt haben können:
  Sie schreibt eine Karte an ihre Mutter.

Auf einen Blick 🔍

Der Satz

Ein deutscher Satz besteht mindestens aus einem
Prädikat und einem Subjekt: Er schläft.

Das Prädikat

Das Prädikat besteht mindestens aus dem finiten Verb,
es kann aber auch weitere Teile beinhalten: Er **kann
surfen.** Sie **hat** schnell **gegessen.** Er **ist egoistisch.**

Das Subjekt

☼ Das Subjekt steht immer im Nominativ und man kann
mit wer? oder was? nach ihm fragen: **Der Mann** kauft
nichts. **Er** schaut nur.

Das Objekt

Das Verb bestimmt, wie viele Objekte es für einen voll-
ständigen Satz braucht. Zusätzlich zum Nominativ kann
ein Verb folgende Objekte fordern:

- Akkusativobjekt: Sie isst **einen Salat.**
- Dativobjekt: Die Mannschaft dankt **ihren Fans.**
- Präpositionalobjekt: Er freut sich **über den Besuch.**
- Genitivobjekt: Er wird **des Diebstahls** verdächtigt.

Das Adverbial

Adverbiale informieren z. B. über temporale, lokale,
kausale oder modale Umstände: Sie hat **heute** keine
Zeit.

Das Attribut

Ein Attribut ist eine nähere Bestimmung, vor allem zu
Substantiven: das **kleine** Kind, der Hut **meines Vaters**.

16 Die Wortstellung im Satz

„Die Autos...

... fahren ...

... ein Rennen."

Die Wortstellung im Satz

 ## 16.1 Die einzelnen Felder

☀ In einem deutschen Satz sind mindestens die Felder finites Verb und das Mittelfeld vertreten. Die meisten Sätze haben außerdem ein Vorfeld und ein infinites Verb am Ende. In einigen Sätzen gibt es nach dem infiniten Verb ein Nachfeld:

Vorfeld	finites Verb	Mittelfeld	infinites Verb	Nachfeld
Er	kann	genauso gut	schwimmen	wie sie.

 ### 16.1.1 Das Vorfeld

☀ Im Vorfeld, also der ersten Position des Satzes, steht ein Satzglied, das aus mehreren Wörtern bestehen kann. Häufige Satzglieder im Vorfeld sind:

- das Subjekt: er/der Mann
- textverbindende Elemente, wie z. B. Konjunktional-adverbien: **deshalb, dann** etc. (▶ ⓮)
- Kontextinformationen, wie temporale, kausale, modale und lokale Angaben, die auf die Fragen „wann?", „warum?", „wie?", „wo?" antworten. Das kann auch in Form eines Nebensatzes geschehen: am Abend (wann?), weil er verliebt ist (warum?), am Strand (wo?).

Vorfeld	finites Verb	Mittelfeld	infinites Verb
Er	schenkt	ihr Rosen.	
Weil er ver-liebt ist,	will	er sie	heiraten.
Am Abend	essen	sie im Restaurant.	
Am Strand	fragt	er sie.	

16.1.2 Das Mittelfeld

B1

Die Abfolge der Elemente im Mittelfeld ist nicht fest geregelt. Es lassen sich nur einige Tendenzen angeben.
☀ Wichtigeres steht am Ende des Satzes, Bekanntes vor Neuem und kurze Elemente stehen vor längeren Elementen.

Beispiel	Erklärung
Er gab **der Frau die Rose**.	Subst.: im Allgemeinen Dativ vor Akkusativ
Er gab **der Frau eine Rose**.	Bekanntes vor Neuem
Er gab **die Rose einer Frau**.	Bekanntes vor Neuem
Schließlich gab **er ihr die Rose**.	Pron. vor Subst. (oder: kurz vor lang!)
Er gab **sie ihr**.	bei zwei Pron.: Akk. vor Dat.
Dann bat **er die Frau um eine Antwort**.	Subst./Pron. vor Präp.obj. (oder: kurz vor lang!)
Sie gingen **dann schnell zum Standesamt**.	bei Adverbialangaben: temporal vor modal vor lokal/ direktional

16.1.3 Das Nachfeld

B1

☀ Im Nachfeld können umfangreiche Satzglieder stehen, vor allem Nebensätze, aber auch präzisierende Zusatzinformationen:

Er hat sie schließlich gefragt, **weil er nicht mehr warten wollte.** (Nebensatz)
Er wollte von ihr wissen, **wie sie sich entschieden hat**. (Nebensatz)
Er hat ihr die Rosen gegeben, **fünfzig rote Rosen.** (Präzisierung)
Die Frau hat mehr Geld **als er**. (beim Vergleich das Verglichene mit als und wie)
Er hat genauso viel Geld **wie sie**.

(A1) **16.2 Der Aussagesatz**

Der Aussagesatz weist folgendes Grundschema auf:

Vorfeld	finites Verb	Mittelfeld	infinites Verb
Die Frau	geht	gerne ins Kino.	
Der Mann	hat	gestern ein Auto	gekauft.
Am Abend	bereitet	er das Essen	vor.

☀ Bei Aussagesätzen ist das Vorfeld immer besetzt und das finite Verb steht an zweiter Position im Satz.

☀ Gibt es in einem Satz sowohl ein finites als auch ein infinites Verb, bilden die beiden Teile des Verbs eine Satzklammer. Das infinite Verb steht am Ende des Aussagesatzes. Eine Satzklammer wird gebildet von:
- trennbaren Verben
- Modalverben + Infinitiv
- Tempusformen (Perfekt, Plusquamperfekt, Futur I und II)
- sein + Prädikativ
- Passiv
- Konjunktiv II der würde-Form

Vorfeld	finites Verb	Mittelfeld	infinites Verb
Am Abend	**bereitet**	er für sie	**vor.**
		das Essen	(trennbares Verb)
Sie	**muss**	jetzt die Hausaufgaben	**machen.** (Modalverb + Infinitiv)
Der Mann	**hat**	ein Auto	**gekauft.** (Perf.)
Die Rosen	**sind**	jetzt	**rot.** (sein + Prädikativ)
Hier	**wird**	ein Einkaufszentrum	**gebaut.** (Passiv)
Frau Braun	**würde**	gerne mal nach Australien	**fliegen.** (Konjunktiv II)

(B1)

(B1)

⚡ Wenn das Verb aus mehr als zwei Teilen besteht, so **B2** steht jeweils nur das finite Verb an der zweiten Stelle, die anderen Teile stehen nach dem Mittelfeld:

Vorfeld	finites Verb	Mittelfeld	infinites Verb
Er	**hatte**	ihr Rosen	**mitbringen wollen.**
Der Antrag	**konnte**	schließlich	**angenommen werden.**
Beinahe	**hätte**	der Antrag nicht	**angenommen werden können.**

☀ Im Nebensatz steht das finite Verb immer an der letz- **A2** ten Stelle:

Hauptsatz	Nebensatz
Ich **brauche** Handschuhe,	wenn es so kalt **ist**.
Er **geht** zum Arzt,	weil er Schmerzen **hat**.

⚡ Besteht das Verb jedoch aus drei und mehr Teilen, **B2** steht bei zusammengesetzten Tempusformen das finite Verb *nicht* ganz am Ende:

Ich habe	dass	er ihr Rosen	**hat** mitbringen wollen.
gehört,	dass	der Antrag	**hätte** angenommen werden können.

16.3   Der Fragesatz   **A1**

❶ Im Deutschen unterscheidet man zwei Typen von Fragesätzen.
• W-Fragen oder Ergänzungsfragen beginnen mit einem Fragewort (wer, wie, warum etc.) im Vorfeld.

- Verbfragen oder Entscheidungsfragen beginnen mit einem Verb. Sie werden auch als Ja/Nein-Fragen bezeichnet. Das Vorfeld ist nicht besetzt.

Vorfeld	finites Verb	Mittelfeld	infinites Verb
Warum	kannst	du so gut	schwimmen?
	Kannst	du gut	schwimmen?

B1 ☼ Auch bei den indirekten Fragesätzen werden Ergänzungsfragen und Entscheidungsfragen unterschieden, die im Nebensatz stehen:

Einleitungssatz	Nebensatz
Ich wüsste gern,	**wann** der nächste Zug nach Berlin abfährt.
Könnten Sie mir sagen,	**ob** heute noch ein Zug nach Berlin fährt?

☼ Bei indirekten Ergänzungsfragen wird das Fragewort zur Konjunktion. Dagegen wird bei Entscheidungsfragen die Konjunktion **ob** verwendet.

❶ Indirekte Fragesätze wirken höflicher als direkte Fragen. Um die Höflichkeit zu betonen, wird im Einleitungssatz häufig der Konjunktiv II verwendet.
Mit indirekten Fragen kann man auch die Fragen anderer Personen wiedergeben. ➡ In der geschriebenen Sprache muss im Nebensatz Konjunktiv I oder ersatzweise der Konjunktiv II stehen (▶ ⑱):
Sie fragte, ob er heute früher nach Hause **komme**.
Er wollte wissen, wann wir Martha **besuchen würden**.

Auf einen Blick 🔍

Die Wortstellung im Satz

🄖 Im deutschen Satz sind mindestens die Felder finites Verb und Mittelfeld vertreten: Sei ruhig! Das finite Verb steht nach dem Vorfeld: Er **geht** nach Hause. Ein infinites Verb kann nach dem Mittelfeld stehen: Er **will** nicht nach Hause **gehen**.

Das Vorfeld
Das Vorfeld ist die erste Position im Satz. Dort stehen oft:
- das Subjekt: er/der Detektiv
- Konjunktionaladverbien: deshalb, dann etc.
- Adverbiale: am Morgen, im Büro, weil er krank ist etc.

Das Mittelfeld
Es gibt keine festen Regeln für die Abfolge der Elemente im Mittelfeld, nur Tendenzen.
☼ Wichtigeres steht am Ende des Satzes, Bekanntes vor Neuem und kürzere Elemente stehen vor längeren Elementen.

Das Nachfeld
Im Nachfeld stehen meist Nebensätze oder präzisierende Zusatzinformationen: Er friert, **weil er krank ist**.
Ich mache viel Sport, **vor allem am Wochenende**.

Der Aussagesatz und der Fragesatz
☼ Bei Aussagesätzen ist das Vorfeld immer besetzt und das finite Verb steht an zweiter Position.
Bei W-Fragen steht das Fragewort im Vorfeld (wer, wo, wann etc.). Bei Verbfragen ist das Vorfeld nicht besetzt. Die Frage beginnt mit dem finiten Verb: **Gehst** du nicht mit?

17 Die Verneinung

„Ich habe nichts gemacht!"

Die Verneinung

A1

💡 Ganze Sätze oder einzelne Satzglieder werden im Deutschen mit nicht verneint.

Wenn der gesamte Satz verneint werden soll, steht nicht möglichst weit am Ende des Mittelfeldes:

Vorfeld	finites Verb	Mittelfeld	infinites Verb
Er	liest	das Buch **nicht**.	
Er	hat	das Buch **nicht**	gelesen.

Soll nur ein einzelnes Satzglied verneint werden, steht nicht direkt vor dem Satzglied, das negiert wird. Dieses wird betont.

B1

Er hat seiner Tochter gestern Abend die Geschichte erzählt.
Nicht er hat seiner Tochter gestern Abend die Geschichte erzählt. (sondern seine Frau)
Er hat **nicht seiner Tochter** gestern Abend die Geschichte erzählt. (sondern seinem Sohn)
Er hat seiner Tochter **nicht gestern Abend** die Geschichte erzählt. (sondern erst heute)

ℹ Zur Verneinung im Deutschen gehört auch die Verneinung von Artikeln, Pronomen und Adverbien:

der/die/das → kein/keine/kein
ein/eine/ein(s) → kein/keine/kein(s)
alles, etwas → nichts
(irgend)jemand → niemand, keiner
irgendwo, überall → nirgendwo, nirgends
immer → niemals, nie
schon → noch nicht, noch nie

18 Die indirekte Rede

„Aber er hat
doch versprochen, dass er
anrufen werde.“

Die indirekte Rede

B2

❶ In der indirekten Rede wird deutlich gemacht, dass der Sprecher die Äußerung eines anderen Sprechers wiedergibt, z. B. mit Verben wie sagen, fragen, dass und dem Konjunktiv. ⚡ Konjunktiv I + II und die würde-Form sind heute in der indirekten Rede bedeutungsgleich!

Die verschiedenen Konjunktivformen verteilen sich wie folgt (die Konjunktiv I-Formen sind fett):

	sein	haben	Modalverben	starke Verben	schwache Verben
ich	**sei**	hätte	**dürfe**	käme	würde lieben
du	**sei(e)st**	hättest	dürftest	kämest	würdest lieben
er/es/sie	**sei**	**habe**	**dürfe**	**komme**	**liebe**
wir	**seien**	hätten	dürften	kämen	würden lieben
ihr	**sei(e)t**	hättet	dürftet	käm(e)t	würdet lieben
sie/Sie	**seien**	hätten	dürften	kämen	würden lieben

Die Konjunktiv I-Formen werden heute nur noch selten verwendet. In den meisten Fällen gebraucht man den Konjunktiv II. Dabei erscheint der synthetische Konjunktiv nur bei haben, bei den Modalverben und einigen häufigen starken Verben. In allen anderen Fällen wird die würde-Form verwendet, da die schwachen Verben beim Indikativ Präteritum und Konjunktiv II formgleich sind.

In der Vergangenheit wird das Hilfsverb haben oder sein im Konjunktiv (meist Konj. II) gebraucht (man habe sich getroffen/wir hätten uns getroffen/er sei gegangen/er wäre gegangen).

Tests

A1 ❶ **Der Artikel**
Ergänzen Sie den bestimmten, unbestimmten oder
keinen Artikel: eine (2x), die, ein, einen, der, – (2x), das

a. Herr Klein liebt .... Bild von Mona Lisa.

b. Michael hat .... Schwester und .... Bruder.

c. Sein Vater ist .... Polizist von Beruf.

d. Ich möchte .... Tasse Kaffee trinken, aber

.... Kaffee ist kalt.

e. Meine Freundin fliegt heute in .... Türkei.

f. Wir brauchen noch .... Tomaten und ....

Stück Käse.

A1 ❷ **Das Substantiv**
Wie lauten die Pluralformen der folgenden Substantive?

a. der Tisch ....

b. die Katze ....

c. das Auto ....

d. die Schülerin ....

e. der Vater ....

f. das Handtuch ....

g. der Koffer ....

h. die Uhr ....

❸ Das Adjektiv

A1

Setzen Sie die Adjektive ein und ergänzen Sie, wenn nötig, die richtige Endung.

a. Ich kenne den Film, aber er ist (langweilig) ....

b. Viele Menschen möchten gerne (reich) ....

A2

werden.

c. Für den Winter braucht sie eine (warm) ....

Winterjacke.

d. Geben Sie mir bitte den (alt) .... Gouda.

e. Die Studenten müssen ein (deutsch) ....

B1

Wörterbuch kaufen.

f. Es riecht (köstlich) .... nach (frisch)

.... Brot.

g. Student (25) sucht (nett) .... WG in Uninähe.

❹ Das Adverb

A2

Setzen Sie folgende Adverbien sinnvoll ein:
umsonst, draußen, jetzt, gern, links, selten

a. Ich mag keine Süßigkeiten, aber Bananeneis esse ich

....

b. Tut mir leid, ich habe .... keine Zeit.

c. Gehen Sie die nächste Straße .... und

B1

dort ist das Rathaus.

d. Wir sehen uns nur .... , aber wir telefo-

nieren jede Woche.

B2 e. Gehen wir nach .... in den Biergarten!

f. Der Kunde hat sich anders entschieden. Wir haben

das Projekt .... gemacht.

A2 **5** **Der Vergleich**
Vervollständigen Sie die Sätze mit den richtigen
Komparativ- und Superlativformen.

a. Nimm die U-Bahn! Sie ist (schnell) .... als

der Bus.

b. Wir fahren dieses Jahr in den Süden in Urlaub. Dort

ist es (heiß) .... als in Deutschland.

B1 c. Auf dem Land sieht man die Sterne (gut)

.... als in der Stadt.

d. Der (kalt) .... Ort der Welt liegt in Sibirien.

e. Hamburg war ab 1900 der (wichtig) ....

Auswandererhafen.

f. Welchen Sportler bewundern Sie (viel) .... ?

g. Wir müssen noch (wirksam) .... Medika-

mente gegen den Virus finden.

6 Das Pronomen A2
Setzen Sie die richtigen Pronomen ein: meine, ihr, es, mir, sie, ihnen, ich, ihn, Ihre, du

a. Haben Sie Frau Müller gesehen? – Ja, ... ist in der Cafeteria.

b. Wem gehört diese Jacke? – Das ist ....

c. Wolltest du dir nicht ein neues Auto kaufen? – Ja, ich kaufe .... im Oktober.

d. Was schenkt .... Daniel und Erika zur Hochzeit? – Ich glaube, wir schenken .... Geld.

e. .... habe einen Käsekuchen gebacken. Möchtest .... probieren?

f. Entschuldigen Sie! Hier liegt eine Kamera. Ich glaube, das ist ....

7 Das Verb A2
Ergänzen Sie folgende Verben sinnvoll und in der richtigen Form: anfangen, können, arbeiten, müssen, werden, sprechen, wollen

a. Dan hat einen neuen Job. Er .... jetzt als Trainer im Fitnessstudio.

b. Paula .... sehr gut Englisch und Französisch.

c. In den Ferien .... Christine unbedingt zu ihrem Freund nach Italien.

d. Weißt du es schon? Andreas .... im

September Vater!

e. Geht ihr schon zum Tanzkurs? – Nein, er ....

erst nächste Woche ....

f. Leider .... ich nicht zu deiner Party

kommen. Ich .... bis 22 Uhr arbeiten.

A1 **⑧** **Der Indikativ**
**Setzen Sie die richtigen Verbformen des Indikativs
in der angegebenen Zeitform ein.**

a. Herr Schulz (**nehmen**) .... das Steak mit

Salat und Pommes Frites. (Präsens)

A2 b. Gehst du heute zum Sport? – Ich (**wissen**)

.... es noch nicht. (Präsens)

c. Wir sind spät! Der Unterricht (**anfangen**)

.... schon .... (Perfekt)

B1 d. Frau Weiß ist nicht da. Sie (**fahren**) ....

gestern nach Berlin .... (Perfekt)

e. Die Außenminister (**treffen**) .... sich in

Genf und (**sprechen**) .... über mögliche

Lösungen des Konflikts. (Präteritum)

f. Nachdem die Freunde das Restaurant (verlassen)

.... (Plusquamperfekt),

(gehen) .... sie noch in eine Kneipe.

(Präteritum)

g. Morgen (regnen) .... es wieder

.... (Futur I)

⑨ Der Konjunktiv   **B1**
Ergänzen Sie die Sätze mit den Angaben in Klammern im Konjunktiv II.

a. Sie ist Friseurin, aber (lieber Schauspielerin sein)

....

b. Frauke hat ein Pony, aber (lieber ein Pferd haben)

....

c. Herr Krause wäre froh, wenn (Chinesisch sprechen

können) ....

d. Es wäre besser, wenn (früher aufstehen) ....

....

e. Sie hat wenig Geld, aber sie tut so, als ob (sehr reich

sein) ....

f. Wenn ich Zeit hätte, (gerne mal wieder in die Oper

gehen) ....

A1 ⑩ **Der Imperativ**
Setzen Sie die Infinitivformen in den Imperativ für
die 2. Person Singular und Plural.

	du	ihr
a. ins Bett gehen	....	....
b. Vokabeln lernen	....	....
c. mich anrufen	....	....
d. losfahren	....	....
e. leise sein	....	....
f. die Tür aufmachen	....	....
g. das Auto nehmen	....	....

B1 ⑪ **Der Infinitiv**
Ergänzen Sie zu, wo es notwendig ist.

a. Es ist wichtig, pünktlich bei der Arbeit .... sein.

b. Er kann sich nicht an diese Frau .... erinnern.

c. Die Regierung plant, das Gesetz noch dieses Jahr

.... verabschieden.

d. Es wird Zeit, die Äpfel .... ernten.

e. Das Ehepaar lässt jedes Jahr ein neues Foto von sich

.... machen.

f. Ich habe keine Lust, dieses Jahr schon wieder nach

Mallorca .... fliegen.

g. Das richtige Geschenk .... finden, ist nicht so

   leicht.

⑫ Das Partizip   **B1**
**Ergänzen Sie die Sätze mit dem Partizip I oder
Partizip II in der richtigen Form.**

a. Sie bringt das (lesen) .... Buch in

   die Bibliothek zurück.

b. Die Mutter legt das (schlafen) ....

   Kind in sein Bett.

c. Er fragte sie (lächeln) .... nach

   ihrem Namen.

d. Alle freuten sich sehr über die (mitbringen) ....

   .... Geschenke.

e. Die Feuerwehr versucht die Bewohner aus dem

   (brennen) .... Haus zu befreien.

f. Langsam näherten sie sich der (zerstören) ....

   .... Stadt.

g. Er warf den (singen) .... Straßen-

   musikern eine Münze in den Hut.

B2 ⑬ **Das Passiv**
Formulieren Sie die Sätze im Passiv und achten Sie auf die Zeitform.

a. Die Polizei untersucht den Mordfall seit drei Monaten.

....

b. Die Firma produziert die Maschinen in Rumänien.

....

c. Die Sportler mussten den Wettkampf am folgenden Tag fortsetzen.

....

d. Man isst in der Weihnachtszeit viele Kekse und Lebkuchen.

....

e. Der Arzt untersuchte die Patientin und schickte sie dann ins Krankenhaus.

....

f. Man darf in öffentlichen Gebäuden nicht mehr rauchen.

....

g. Am Montag hat der Bürgermeister das neue Theater eingeweiht.

....

h. Man musste das Stadion wegen Überfüllung zwischenzeitlich schließen.

....

⑭ **Die Konjunktion** Ⓐ1
Ergänzen Sie die Sätze sinnvoll mit den folgenden
Konjunktionen: aber, weil, oder, wenn, obwohl, als,
und, während

a. Möchtest du heute ins Kino gehen ....

lieber Peter und Inga besuchen?

b. Herr Stern kommt aus Deutschland, ...

jetzt lebt er in Argentinien.

c. Seine Hobbys sind Schwimmen .... Ⓐ2

Klavier spielen.

d. Mach bitte alle Lampen aus, ... du weg-

gehst.

e. Die Freunde kaufen ihr eine schöne CD, Ⓑ1

.... sie Geburtstag hat.

f. Die Sängerin übt neue Lieder, ... sie ihr

Apartment aufräumt.

g. Sie fährt Schlittschuh, ... es ihr keinen

Spaß macht.

h. Sie war noch ein Kind, ... der Vater die

Familie verließ.

A2 ⑮ **Der Satz**

Einige Sätze sind komplett, bei anderen fehlt etwas. Welche der folgenden Ergänzungen passt zu welchem Satz? die Grammatik, den neuen Professor, dem Patienten, die Sehenswürdigkeiten

a. Paul kennt ....

b. Der Zug hält an ....

c. Sie zeigen uns ....

d. Die Krankenschwester hilft ....

e. Es schneit ....

f. Wir verstehen ....

B1 ⑯ **Die Wortstellung**

Finden Sie den Fehler in der Satzstruktur und schreiben Sie den Satz neu.

a. Hat Herr Schmidt gestern seine Tochter in Nürnberg besucht.

....

b. Heute kauft im Supermarkt die Frau Gemüse und Fleisch.

....

c. Wann kommst du an in Hannover?

....

B1 d. Du kommst auch aus Spanien?

....

e. Die Kinder sind vor Schulbeginn noch schnell zum Kiosk gestern gelaufen.

....

f. Er möchte wissen, ob kommt der Zug pünktlich in Paris an.

....

g. Bei Sonnenuntergang machte er einen Heiratsantrag ihr am Meer.

....

17 Die Verneinung B1
Formulieren Sie negative Antworten auf die Fragen.

a. Kennen Sie die neue Kollegin schon?

....

b. Wissen Sie, ob Herr Müller verheiratet ist?

....

c. Ist heute jemand zur Ausstellung im Stadtcafé gekommen?

....

d. Hast du noch Holz für den Ofen?

....

e. Waren Sie schon einmal in Asien?

....

f. Verstehst du etwas von Versicherungen?

....

B2 (18) **Die indirekte Rede**
Setzen Sie die Aussagen in die indirekte Rede.

a. In dem Roman geht es um eine ungewöhnliche Reisebekanntschaft.

Er sagt, ...

b. Die Probleme sind gelöst.

Sie versichert, ...

c. Der Konflikt zwischen der Regierung und den Rebellen hat sich noch verschärft.

Der Reporter berichtet, ...

....

d. Ich weiß es nicht.

Sie sagt, ...

e. Das Medikament ermöglicht den Patienten ein fast normales Leben.

Die Ärzte glauben, ...

....

f. Morgen wird es eine Einigung geben.

Er versicherte, ...

g. Wir haben rosa Delfine gesehen!

Sie erzählten, ...

Lösungen

1. Der Artikel

a. Herr Klein liebt das Bild von Mona Lisa.

b. Michael hat eine Schwester und einen Bruder.

c. Sein Vater ist – Polizist von Beruf.

d. Ich möchte eine Tasse Kaffee trinken, aber der Kaffee ist kalt.

e. Meine Freundin fliegt heute in die Türkei.

f. Wir brauchen noch – Tomaten und ein Stück Käse.

2. Das Substantiv

a. die Tische

b. die Katzen

c. die Autos

d. die Schülerinnen

e. die Väter

f. die Handtücher

g. die Koffer

h. die Uhren

3. Das Adjektiv

a. Ich kenne den Film, aber er ist langweilig.

b. Viele Menschen möchten gerne reich werden.

c. Für den Winter braucht sie eine warme Winterjacke.

d. Geben Sie mir bitte den alten Gouda.

e. Die Studenten müssen ein deutsches Wörterbuch kaufen.

f. Es riecht köstlich nach frischem Brot.

g. Student (25) sucht nette WG in Uninähe.

4. Das Adverb

a. Ich mag keine Süßigkeiten, aber Bananeneis esse ich gern.

b. Tut mir leid, ich habe jetzt keine Zeit.

c. Gehen Sie die nächste Straße links und dort ist das Rathaus.

d. Wir sehen uns nur selten, aber wir telefonieren jede Woche.

e. Gehen wir nach draußen in den Biergarten!

f. Der Kunde hat sich anders entschieden. Wir haben das Projekt umsonst gemacht.

5. Der Vergleich

a. Nimm die U-Bahn! Sie ist schneller als der Bus.

b. Wir fahren dieses Jahr in den Süden in Urlaub. Dort ist es heißer als in Deutschland.

c. Auf dem Land sieht man die Sterne besser als in der Stadt.

d. Der kälteste Ort der Welt liegt in Sibirien.

e. Hamburg war ab 1900 der wichtigste Auswandererhafen.

f. Welchen Sportler bewundern Sie am meisten?

g. Wir müssen noch wirksamere Medikamente gegen den Virus finden.

6. Das Pronomen

a. Haben Sie Frau Müller gesehen? – Ja, sie ist in der Cafeteria.

b. Wem gehört diese Jacke? – Das ist meine.

c. Wolltest du dir nicht ein neues Auto kaufen? – Ja, ich kaufe es mir im Oktober.

d. Was schenkt ihr Daniel und Erika zur Hochzeit? – Ich glaube, wir schenken ihnen Geld.

e. Ich habe einen Käsekuchen gebacken. Möchtest du ihn probieren?

f. Entschuldigen Sie! Hier liegt eine Kamera. Ich glaube, das ist Ihre.

7. Das Verb

a. Dan hat einen neuen Job. Er arbeitet jetzt als Trainer im Fitnessstudio.

b. Paula spricht sehr gut Englisch und Französisch.

c. In den Ferien will Christine unbedingt zu ihrem Freund nach Italien.

d. Weißt du es schon? Andreas wird im September Vater!

e. Geht ihr schon zum Tanzkurs? – Nein, er fängt erst nächste Woche an.

f. Leider kann ich nicht zu deiner Party kommen. Ich muss bis 22 Uhr arbeiten.

8. Der Indikativ

a. Herr Schulz nimmt das Steak mit Salat und Pommes Frites.

b. Gehst du heute zum Sport? – Ich weiß es noch nicht.

c. Wir sind spät! Der Unterricht hat schon angefangen.

d. Frau Weiß ist nicht da. Sie ist gestern nach Berlin gefahren.

e. Die Außenminister trafen sich in Genf und sprachen über mögliche Lösungen des Konflikts.

f. Nachdem die Freunde das Restaurant verlassen hatten, gingen sie noch in eine Kneipe.

g. Morgen wird es wieder regnen.

9. Der Konjunktiv

a. Sie ist Friseurin, aber sie wäre lieber Schauspielerin.

b. Frauke hat ein Pony, aber sie hätte lieber ein Pferd.

c. Herr Krause wäre froh, wenn er Chinesisch sprechen könnte.

d. Es wäre besser, wenn du früher aufstehen würdest.

e. Sie hat wenig Geld, aber sie tut so, als ob sie sehr reich wäre.

f. Wenn ich Zeit hätte, würde ich gerne mal wieder in die Oper gehen.

10. Der Imperativ

a. Geh ins Bett! Geht ins Bett!

b. Lern die Vokabeln! Lernt die Vokabeln!

c. Ruf mich an! Ruft mich an!

d. Fahr los! Fahrt los!

e. Sei leise! Seid leise!

f. Mach die Tür auf! Macht die Tür auf!

g. Nimm das Auto! Nehmt das Auto!

11. Der Infinitiv

a. Es ist wichtig, pünktlich bei der Arbeit zu sein.

b. Er kann sich nicht an diese Frau – erinnern.

c. Die Regierung plant, das Gesetz noch dieses Jahr zu verabschieden.

d. Es wird Zeit, die Äpfel zu ernten.

e. Das Ehepaar lässt jedes Jahr ein neues Foto von sich – machen.

f. Ich habe keine Lust, dieses Jahr schon wieder nach Mallorca zu fliegen.

g. Das richtige Geschenk zu finden, ist nicht so leicht.

12. Das Partizip

a. Sie bringt das gelesene Buch in die Bibliothek zurück.

b. Die Mutter legt das schlafende Kind in sein Bett.

c. Er fragte sie lächelnd nach ihrem Namen.

d. Alle freuten sich sehr über die mitgebrachten Geschenke.

e. Die Feuerwehr versucht die Bewohner aus dem brennenden Haus zu befreien.

f. Langsam näherten sie sich der zerstörten Stadt.

g. Er warf den singenden Straßenmusikern eine Münze in den Hut.

13. Das Passiv

a. Der Mordfall wird seit drei Monaten (von der Polizei) untersucht.

b. Die Maschinen werden (von der Firma) in Rumänien produziert.

c. Der Wettkampf musste (von den Sportlern) am folgenden Tag fortgesetzt werden.

d. In der Weihnachtszeit werden viele Kekse und Lebkuchen gegessen.

e. Die Patientin wurde (vom Arzt) untersucht und dann ins Krankenhaus geschickt.

f. In öffentlichen Gebäuden darf nicht mehr geraucht werden.

g. Am Montag wurde das neue Theater (vom Bürgermeister) eingeweiht.

h. Das Stadion musste wegen Überfüllung zwischenzeitlich geschlossen werden.

14. Die Konjunktion

a. Möchtest du heute ins Kino gehen oder lieber Peter und Inga besuchen?

b. Herr Stern kommt aus Deutschland, aber jetzt lebt er in Argentinien.

c. Seine Hobbys sind Schwimmen und Klavier spielen.

d. Mach bitte alle Lampen aus, wenn du weggehst.

e. Die Freunde kaufen ihr eine schöne CD, weil sie Geburtstag hat.

f. Die Sängerin übt neue Lieder, während sie ihr Apartment aufräumt.

g. Sie fährt Schlittschuh, obwohl es ihr keinen Spaß macht.

h. Sie war noch ein Kind, als der Vater die Familie verließ.

15. Der Satz

a. den neuen Professor

b. –

c. die Sehenswürdigkeiten

d. dem Patienten

e. –

f. die Grammatik

16. Die Wortstellung

a. Herr Schmidt hat gestern seine Tochter in Nürnberg besucht.

b. Heute kauft die Frau im Supermarkt Gemüse und Fleisch.

c. Wann kommst du in Hannover an?

d. Kommst du auch aus Spanien?

e. Die Kinder sind gestern vor Schulbeginn noch schnell zum Kiosk gelaufen.

f. Er möchte wissen, ob der Zug pünktlich in Paris ankommt.

g. Bei Sonnenuntergang machte er ihr einen Heiratsantrag am Meer.

17. Die Verneinung

a. Nein, ich kenne sie noch nicht.
b. Nein, das weiß ich nicht.
c. Nein, es ist niemand gekommen.
d. Nein, ich habe keins/kein Holz mehr.
e. Nein, ich war noch nie in Asien.
f. Nein, ich verstehe nichts davon/ von Versicherungen.

18. Die indirekte Rede

a. Er sagt, in dem Roman gehe es um eine ungewöhnliche Reisebekanntschaft./ dass es in dem Roman um eine ungewöhnliche Reisebekanntschaft gehe.
b. Sie versichert, die Probleme seien gelöst./ dass die Probleme gelöst seien.

c. Der Reporter berichtet, der Konflikt zwischen der Regierung und den Rebellen habe sich noch verschärft./ dass sich der Konflikt zwischen der Regierung und den Rebellen noch verschärft habe.
d. Sie sagt, sie wisse es nicht./ dass sie es nicht wisse.
e. Die Ärzte glauben, das Medikament ermögliche den Patienten ein fast normales Leben./ dass das Medikament den Patienten ein fast normales Leben ermögliche.
f. Er versicherte, es werde morgen eine Einigung geben./ dass es morgen eine Einigung geben werde.
g. Sie erzählten, sie hätten rosa Delfine gesehen./ dass sie rosa Delfine gesehen hätten.

Lösungen der Niveaustufentests

Hier finden Sie neben der Auswertung Ihrer Ergebnisse auch Empfehlungen zur Verbesserung Ihrer Sprachkenntnisse.

Lösungen A1

1. Der Artikel
a. Sie müssen noch das Formular ausfüllen.
b. Heute ist der Chef im Urlaub.
c. Mir gefällt die Musik überhaupt nicht.
d. Gibst du mir bitte den Käse?

2. Das Substantiv
a. die Gärten
b. die Gläser
c. die Sprachen

3. Das Personalpronomen
a. Wo ist Sabine? Hast du sie gesehen?
b. Hallo Klaus. Ich muss dich was fragen.
c. Ruth und Hans, ich rufe euch morgen an.

4. Das Präsens
a. Herr Joop ist 41 Jahre alt.
b. Oh, du hast ja eine neue Brille!
c. Welche Zeitung liest Claudia?
d. Fährst du mit dem Auto?

5. Die Modalverben
a. Möchtest du noch etwas Fleisch?
b. Ich bin krank. Ich muss zum Arzt gehen.
c. Darf man hier rauchen?
d. Frau Pauli, Sie können hier warten.

6. Das Perfekt
a. Gestern hat Herr Kreist bis 20 Uhr gearbeitet.
b. Gestern haben wir Schweinebraten mit Sauerkraut gegessen.
c. Gestern habe ich die Miete überwiesen.

Empfehlung

1–7 Punkte: Ihre Kenntnisse stehen leider noch auf schwachen Beinen. Am besten nehmen Sie sich die Niveaustufe A1 gleich noch einmal vor.

8–14 Punkte: Prima! Sie haben bereits gute A1-Kenntnisse, allerdings punktuell noch Schwächen. Wiederholen Sie die Themen.

15–21 Punkte: Ausgezeichnet! Sie haben solide A1-Kenntnisse und können sich nun der Niveaustufe A2 zuwenden.

Lösungen A2

1. Der Possessivartikel
a. Karl zeigt seiner Kollegin das Café.
b. Die Musik gefällt meinem Sohn sehr.
c. Ich kann Ihrem Mann diese Salbe empfehlen.
d. Er hat seiner Frau nicht zugehört.

2. Das Adjektiv
a. Wo hat sie die schönen Blumen gekauft?
b. In der Küche steht ein runder Esstisch.
c. Wie finden Sie den neuen Wagen?
d. Ich suche ein wertvolles Geschenk.

3. Der Vergleich
a. Berlin ist größer als Hamburg. / Berlin hat mehr Einwohner als Hamburg.
b. Der Rhein ist länger als der Main.
c. Der Mont Blanc ist höher als die Zugspitze.

4. Das Reflexivpronomen
a. Ich muss mich um die Blumen meiner Nachbarin kümmern.
b. Hast du dich schon bei ihr entschuldigt?
c. Ihr müsst euch beeilen. Der Zug fährt gleich ab.
d. Hannes unterhält sich noch mit seinem Kollegen.

5. Das Präteritum
a. Letzten Sommer waren wir in Rom.
b. Musstet ihr viel für die Reise bezahlen?
c. Nein, wir hatten ein sehr günstiges Hotel.
d. Ich konnte leider keinen Urlaub machen.

6. Die Konjunktion
a. 3
b. 2
c. 1

Empfehlung

1–7 Punkte: Sie befinden sich noch am Anfang des Niveaus A2 und sollten die Themen nochmals gründlich durcharbeiten.

8–15 Punkte: Gut so! Ihre A2-Kenntnisse sind schon weit gediehen. Bevor Sie sich B1 zuwenden, sollten Sie jedoch einige Themen nochmals anschauen.

16–22 Punkte: Ausgezeichnet. Sie kennen sich mit den Grammatikthemen der Niveaustufe A2 sicher aus und können die Niveaustufe B1 angehen.

Lösungen B1

1. Der Genitiv
a. Dies ist das Zimmer meines Sohnes.
b. Frau Schulz sucht das Halsband ihrer Katze.
c. Sie müssen mir die Vorteile der Produkte unbedingt erklären.
d. Der Garten unserer Nachbarin ist sehr gepflegt.

2. Das Relativpronomen

a. Zala ist ein Restaurant, in dem man gut essen kann.

b. Das ist Frau Ort, von der ich dir schon erzählt habe.

c. Die Kinder, denen wir Nachhilfe gegeben haben, haben gute Noten bekommen.

3. Das Futur

a. Ich werde über das Angebot nachdenken.

b. Wir werden in zwei Jahren eine Weltreise machen.

c. Er wird ihre Worte nie vergessen.

4. Das Plusquamperfekt

a. Vorher hatte er einen Termin vereinbart.

b. Sie aß erst, nachdem sie geduscht hatte.

c. Zuerst war er ins falsche Gebäude gegangen.

5. Das Passiv

a. Beim Arzt werden Patienten behandelt.

b. Im Studio werden Filme gedreht.

c. In der Disco wird getanzt.

6. Der indirekte Fragesatz

a. Er will wissen, wann der Bus kommt.

b. Sie hat gefragt, ob du gerade arbeitest.

c. Darf ich fragen, wer hier zuständig ist?

Empfehlung

1–6 Punkte: Für die Niveaustufe B1 sollten Sie nochmals alle relevanten Themen wiederholen.

7–13 Punkte: Prima! Sie haben schon einige B1-Kenntnisse, sollten aber die Themen überarbeiten, die Sie noch nicht sicher beherrschen.

14–19 Punkte: Ausgezeichnet! Sie haben das Niveau B1 im Griff und können nun die Niveaustufe B2 angehen.

Lösungen B2

1. Das attributive Partizip

a. Man kann schon die schreienden Affen hören.

b. Die Lotion hat eine schützende Funktion.

c. Die Firma hat Anträge mit falsch berechneten Beträgen geschickt.

d. Sie brachten uns eine aus Holz geschnitzte Figur mit.

2. Das Futur II

a. Er wird sicher schon losgefahren sein.

b. Was wird da wohl passiert sein?

c. Bis morgen werden Sie den Bericht fertig geschrieben haben!

3. Die indirekte Rede

a. Der Manager versichert, er habe mit der Affäre nichts zu tun.

b. Christoph meint, er sei ein ausgezeichneter Koch.

c. Der Chef sagte, es werde keine Entlassungen geben.

4. Das Passiv

a. Das Gebäude wird nächstes Jahr restauriert werden.

b. Über die Vergangenheit wurde nie gesprochen.

c. Die Mitglieder waren vorher nicht eingeweiht worden.

5. Das Konjunktionaladverb

a. Der Minister wird teilnehmen, jedoch erst am zweiten Tag anreisen.

b. Sie müssen sich sofort melden, andernfalls wird ihr Platz vergeben.

c. Er kam oft zu spät, folglich wurde ihm gekündigt.

Empfehlung

1–5 Punkte: Für die Niveaustufe B2 reicht es leider noch nicht. Überarbeiten Sie die wichtigen Themen dieses Niveaus gründlich.

6–11 Punkte: Gut so! Das Niveau B2 haben Sie fast in der Tasche. Lediglich einige Themen sollten Sie nochmals anschauen.

12–16 Punkte: Ausgezeichnet! Sie haben Ihre Kenntnisse der Niveaus A1 bis B2 bewiesen.